救护车到来前，
你能做什么？

贾大成◎著

江苏凤凰文艺出版社
JIANGSU PHOENIX LITERATURE AND
ART PUBLISHING, LTD

图书在版编目（CIP）数据

救护车到来前，你能做什么？ / 贾大成著. —南京：
江苏凤凰文艺出版社，2016（2016.11 重印）
ISBN 978-7-5399-8962-4

Ⅰ. ①救… Ⅱ. ①贾… Ⅲ. ①急救－基本知识 Ⅳ.
①R459.7

中国版本图书馆CIP数据核字（2015）第296038号

书　　　名	救护车到来前，你能做什么？
著　　　者	贾大成
责 任 编 辑	聂　斌　孙金荣
策 划 编 辑	曹红凯
文 本 统 筹	刘牧洋
特 约 编 辑	葛龙广　赵　娅
文 字 校 对	郭慧红
插　　　画	胡　庆
版 面 设 计	李　亚
出 版 发 行	凤凰出版传媒股份有限公司
	江苏凤凰文艺出版社
出版社地址	南京市中央路165号，邮编：210009
出版社网址	http://www.jswenyi.com
经　　　销	凤凰出版传媒股份有限公司
印　　　刷	三河市嵩川印装有限公司
开　　　本	700毫米×1000毫米　1/16
印　　　张	16
字　　　数	210千字
版　　　次	2016年9月第1版　2016年11月第3次印刷
标 准 书 号	ISBN 978-7-5399-8962-4
定　　　价	39.80元

（江苏凤凰文艺版图书凡印刷、装订错误可随时向承印厂调换）

急救，是现代人必须掌握的生存技能！

原国家卫生部副部长　**殷大奎**

卫生部健康教育首席专家

中国医师协会名誉会长

中国健康促进与教育协会会长

健康中国（2015）年度致敬人物

大成从事医疗急救事业将近 50 年，挽救过成千上万人的生命，他不仅有丰富的急救实践经验，并且早在 30 多年前便开始了对公众的急救普及教育工作，把人们日常需要的急救知识分享给大家。他虽然已经从北京急救中心退休了，但仍旧不遗余力地为中国的急救事业奔走，开展各种形式的急救普及教育工作，如制作电视节目、撰写科普文章、编著科普书籍、举办急救讲座等，为网友答疑解惑，为人们树立急救意识、推广急救理念、传播急救知识、学习急救技能做出了很大贡献。

大成是个地地道道的北京人，心直口快，古道热肠。他的"微博简介"触动了很多人：

生是 120 的人，死是 120 的魂。永葆青春的活力和生命的激情，把一生献给中国的急救事业！

事实上，大成也真真正正地在这么做，他一直在为推动中国急救事业的发展而竭尽全力。为了提高基层医生的急救水平，为了让普通人掌握急救技能，他常年奔走在全国各地。

因为出色的工作，他被很多单位聘请，担任了很多社会职务。

现在，他又成为了中国社会福利基金会"心唤醒"基金的联合发起人之一，他的那份对急救事业的热情和信仰，让无数人感动和敬佩。

我国急救成功率与一些发达国家相比，差距很大。而且，国人对学会急救的重要性的认识也很有限，这导致了我国绝大部分人不懂急救，不会急救，每当遇到紧急状况，除了拨打120，不知还应该做些什么。而在欧美，"急救从娃娃抓起"的教育理念深入人心，从幼儿园开始，急救就是基本的实践课程之一。法国公众的应急救护普及率为40％；德国普及率为80％；美国的法律规定，任何一个公民在18岁之前必须掌握全部基本的急救知识。

很多人可能会想，急救和治病救人不是医生和护士的事情吗？其实不然，急救，强调的是分秒必争、强调的是第一时间，而且绝大多数发生在医院之外。所以在我看来，急救应该像烹饪、开车一样，成为我们每个人一种基本的生活常识和生存技能。只有学会急救，我们在遇到突发急症时，才不会眼睁睁地看着悲剧发生。

而对于疾病，我们应该"居安思危，思则有备，有备无患"，"凡事预则立，不预则废"，强调疾病预防的重要性，防患于未然。

古人说：救人一命，胜造七级浮屠。然而，如果你不懂急救，又怎么"救人一命"呢？所以，一定要学会急救，以备不时之需。

大　医

《人民日报》高级记者　白剑峰
健康版主编

　　我与贾大成大夫是忘年之交。他在北京急救中心从事急救工作几十年，始终坚守在抢救急性危重病人的第一线。他曾使无数病人转危为安、起死回生，积累了大量丰富的急救经验。在生死线上，他每天都在领略人间百态，对于生死有着深入的思考和独特的感悟。

　　在日常的急救工作中，贾大夫见到许多病人因缺乏急救知识而延误了抢救，甚至付出了生命的代价。于是，他萌发了向大众传播急救知识的想法。春去秋来，身体力行，贾大夫先后为50多万人次进行了急救技能培训，被誉为"中国急救普及教育第一人"，在新浪微博拥有150多万粉丝，在业内外赢得了广泛赞誉。

　　如今，他已经退休，但依然不舍急救事业。他常常在微博上为网友解疑释惑，不辞辛劳地到全国各地讲课。很多人运用他传授的急救知识，成功地挽救了垂危的生命，受益颇多。

　　"神手佛心"是他最爱写的书法条幅，也是他一生追求的境界。仁心仁术，乃大医也！

一颗对生命的敬畏之心

张路 著名足球评论员
北京国安足球俱乐部副董事长

三十多年前我还在北京体育科研所工作，当时，贾大成医生是我的同事。后来，我到了国安俱乐部，他去了急救中心，但一直都有联系。

说到急救，总会想到病痛、伤亡、紧张、风险、压力、责任这些我们一般人不愿面对的，但贾大成医生投身急救工作三十年，始终坚持战斗在第一线，而且看得出，他是真的热爱这项工作，并把它当作自己毕生的事业来努力，兢兢业业，乐此不疲。如果没有对生命的大爱，恐怕是达不到这个境界的。

这本书凝聚了贾大成医生对生命、对工作、对急救事业的热爱之心，让我们这些平时可能很难接触急救工作的人也了解了其中的艰辛，同时，更重要的是，我们也从中学习了一些基本的急救知识，以备不时之需。

很多人可能一辈子也用不着急救医生，但从这本书里哪怕能学到一点点急救知识和急救技能，当我们遇到危急状况时，自己就能及时出手抢救，远离危险，避免悲剧的发生，而不是只能等救护车的到来。不是吗？

目 录
CONTENTS

第二章　CHAPTER TWO

急性心梗：和时间赛跑的急症

第三章　CHAPTER THREE

急性脑血管病：急救前要分清病症

第四章 CHAPTER FOUR

考验家长急救知识的时刻来了！

第五章 CHAPTER FIVE

遭遇外伤，急救方法信手拈来

饮水思源，不忘初心

3 本书让我走上了医学之路

拂去岁月的风尘，打开记忆的闸门。往事虽已远去，却可清晰再现……

我出生在中国历史发生巨大变革的年月——1949年10月。

1967年，"无产阶级文化大革命"如火如荼地进行着。那一年，我18岁，是所谓的"可以教育好的子女"，没有资格当红卫兵，属于"逍遥派"。在这之前，我最爱看书，这下无书可看了，每天除了打打篮球、游游泳、练练拳击之外，无所事事，既不能升学继续念书，也不能工作养家糊口。我一个十七八岁的小伙子在家待着，靠父母可怜的工资过活，心情格外沉重。

那年6月的一天，我信步来到离家很近的东四新华书店，之前我经常光顾这家书店。当时，书店里除了《毛泽东选集》以及马克思、列宁的书之外，其他书籍不多，我就随便翻了翻。后来，我走到医药卫生书籍柜台前面，看到有十几本书，就随手拿了一本开始翻。在这之前，我从来没有接触过这类书，觉得很新鲜，于是就买了3本人民卫生出版社出版的书，我记得很清楚，书名分别是《针灸》《针灸腧穴图》和《农村卫生员用药课本》，一共6毛多钱。后来，我拿着这3本书到收款台交了钱。

我万万没想到，就是这6毛多钱买的3本书，决定了我一生所要走的道路……

我很感谢我逝去的母亲，怹（tān，"他/她"的敬语）当时每月只挣20多块钱，还要养活我和妹妹，生活很艰难。即便是这样，只要我想买书，怹从来没有犹豫过，最多说一句："等我明天给你钱。"后来我才知道，是怹手里没有钱了，给我的钱都是从别人家借来的。母亲在和邻居聊天时常说："什么钱都可以省，孩子买书的钱不能省。"

每每想起母亲带着我和妹妹在艰难困苦的岁月，顶着政治和经济上的双重压力苦度光阴，我总是心如刀绞，常常两行浊泪潸然而下……

拿着买回的3本医书，当时不知天高地厚，我竟觉得学习针灸不难，后来又买了10根针，开始一边看书一边在自己身上练习扎针。

有一天，母亲头疼，我试着给怹扎了太阳穴、百会穴、风池穴、合谷穴等几个穴位，母亲的头居然不疼了。后来，邻居、邻居的同事、朋友、同学、同学的父母和邻居等都知道了，几乎每天都有人到我家来找我给他们扎针。就这样，我在家一边学习一边实践，整整持续了一年半。

治病救人让我积累了更多急救经验

1968年12月的一天，我和我的同学来到山西省原平县一个贫穷的村落插队落户。

插队落户后的第一周，最先是我的一位同学胃痛，我给他扎了内关穴、中脘穴、足三里穴，几分钟后，他的疼痛消失了；又过了几天，村里的一位老大爷也出现了胃痛，我同样给他扎了针，也是几分钟后疼痛就消失了。消息后来慢慢地传遍了全村："有一个北京知青会看病。"

其实，我那时只能解决一些诸如头疼、牙疼、肚子疼、胳膊疼、腰疼、腿疼等简单的情况，有时还当着病人的面现翻书。在后来8年的插队生活中，我如饥似渴地学习了中医、西医以及临床各科的医学知识，书架上摆满了医学书籍，我拔过牙、接过生，清理并缝合过伤口，治疗过内、外、妇、儿、皮肤、五官等各科的很多常见病，也抢救过急性左心衰竭、重症哮喘、上消化道大出血、各种休克、急性有机磷中毒等众多急性危重症。后来，居然有百里以外其他各县的老百姓慕名来找我看病，当地的几家报纸、电台也介绍了我给老百姓看病的事。

再后来，北京市革委会慰问团来慰问北京插队知青。他们了解到我小小卫生所的情况以后，问我还需要什么药品、设备，让我写一个单子。后来，我把单子写好交给了他们，他们根据我写的单子给了1000多块钱，让我给卫生所添置药品、设备。这1000多块钱，现在看来实在太少，可在当时那可是天文数字，我在村里10年也不可能挣够1000多块钱——我们卫生所一下子"鸟枪换大炮"了……

现在，每每想起这段在山西插队的岁月，我总是从心底感谢那里的乡亲们，他们在危难时刻把生命交给了我，对我充满了信任。虽然我的医学知识很有限，但他们从来不怀疑我的技术水平；虽然我算不上是一个高尚的人，但他们从来不怀疑我的医德；即使有时候救治无效，他们也真诚地感谢我，这让我在插队的艰苦岁月中得到了莫大慰藉。

每当我治好一个病人，得到大家的赞扬和感谢的时候，我总是说，是淳朴的乡亲们哺育了我，让我能一生从事这个我深深热爱的高尚职业。

回到家乡，急救的初衷依旧未变

"文革"结束后，我有幸上了大学，开始接受系统的医学教育，那同样是一段令人终生不能忘怀的时光。

记得有一次上课，老师边讲边走到我身旁，低声问道："你怎么不记笔记呀？"我回答老师："您讲的，我知道的，我没记；您讲的，书上有的，我也没记。您讲的，我不知道的，书上也没有的，您看我都记在书上了。"老师看了看，点点头说："嗯，好，这样可以集中精神听讲，效果更好。"

1980年大学毕业后，我终于从山西回到了阔别12年的故乡——北京。回来不久，我就到了位于先农坛北京市体委大院内的北京市体育科学研究所工作。在那里，主要是搞运动医学的科研工作，对我来说是一个比较陌生的领域，我要学习很多新的专业知识才能适应那里的工作。相比之下，搞临床医学对我来说还算轻车熟路，因为在上大学之前，我已经整整"非法行医"了9年半，积累了一些临床实际经验，所以我更偏爱临床工作。当时刚回北京，人生地不熟，在体育科研所工作之前，我也曾找过市卫生局、区卫生局及几家医院的负责人，但都因"没有指标"而被拒绝，但我心里还是一直向往着医院，向往着治病救人。

1983年春节刚过不久的一天，《北京晚报》刊登了一篇介绍北京市急救站工作情况的文章，记得其中有这么一句："北京市急救站的人员、设备都远远不能满足首都政治地位的需要和人民群众的实际需要。"看完这篇报道，尤其是看到这句话，我真有点儿热血沸腾了，几乎没有考虑，当晚就给北京市急救站的领导写了一封信，表达了我热爱急救事业、愿意到北京市急救站工作的意愿。后来，急救站的领导告诉我，他觉得信的内容写得特别好，还把我写的信给全体医务人员读了一遍。真没想到，第三天下午，急救站的领导、著名急救专家、享誉中外的李宗浩教授就约我面谈，当时就拍板让我到急救站工作。

可是，体育科研所的领导一直不希望我走。因为在当时，一个人要调动工作是"不安心本职工作的表现"，往往到最后人走不了，还会给大家留下坏印象，不像现在可以跳槽，甚至频繁跳槽。我十分敬重的老所长语重心长地对我说："你思想单纯、直爽，咱们这里的同志们也都比较单纯、直爽，这里很适合你。像咱们这样的单位不多，如果到了人事关系复杂的单位，我怕你适应不了。另外，这里的工作也需要你。所以，所里不希望你走。"

我心里也确实非常舍不得科研所里的同事们，那里的同事们都单纯、善良、热心、聪明、顽强，他们大部分都是优秀运动员出身，其中还有得过奖的运动员、著名的教练员，而且都是"文革"前各大名校毕业的大学生。至今，我总觉得辜负了老所长的一片心意，心里常感到愧疚。但是，为了我所热爱的急救工作，就这么一直坚持到了退休，这一干就是近 30 年。

走进北京急救中心

1949 年 10 月，新中国成立，而北京在当年 2 月份就已经解放了，北京市各政府机构也已相继成立，其中就包括北京市卫生局。当时，北京市有一辆缴获的美国吉普车，上面涂了一个鲜艳的红十字，安了一个金光灿灿的钟形大铜铃铛，铃铛足有 40 厘米高，看着就十分沉重。当时，大铜铃铛悬挂在救护车前面的右侧，由医生来晃动，发出的声音十分响亮、悦耳，传得很远。我小时候曾经见过救护车在大街上飞驰，也听过那响亮、悦耳的铃铛声。后来我到急救站工作以后，也见过那个大铜铃铛，现在都不知道哪里去了。我相信，很多年纪和我相仿，或比我年纪大的老北京人都知道这些。

过去的北京市急救站，无论工作条件，还是生活条件，都极差，不能和今日的北京急救中心同日而语：一辆开起来叮咣作响的破救护车、1 个诊箱、1 个氧气袋，再加 1 个司机、1 个医生，这就是出车抢救患者的全部家当，在处理很多情况时根本不够用。当时，全急救站只有 2 台上海产的心电图机，里面装着多节一号电池，一共有 10 多斤重；还有 1 台上海产的除颤器，两个人一起抬都费劲。更要命的是，心电图机后来被其他医生带走了，再出诊就没有了，遇到心脏病患者，我们只能凭经验和一张嘴来对付。

"工欲善其事，必先利其器。"这种状况不能再继续下去了。于是，我找到了我们急救科主任付大庆，谈了我的想法：必须装备一辆配有全套急救设备的急性危重症抢救车。过了几天，付大庆主任找到我，让我写一个单子，把危重症抢救车所需的急救装备列个单子。没过多久，4辆配有全套现代化急救装备的急性危重症抢救车全部到位，车上配备了进口的心电图机、除颤监护仪、呼吸机、吸引器、气管内插管等设备，而且全部是便携式，体积小、重量轻，便于现场使用。

在今天看来，这没什么了不起的，但对于当时的北京市急救站来说，是一件具有划时代意义的大事。从此，我就伴随这辆急性危重症抢救车度过了20多年的急救生涯，这样一直坚持到我退休。

如今的北京急救中心的救护车，在原有的急救设备基础上，又增添了电动胸外心脏按压泵、电子视频喉镜等设备，更加先进，更加方便了。

到1955年，北京市急救站正式成立了。北京的院前急救，官方一般都是从1955年算起，我觉得其实应该从1949年算起。

老北京人都知道，北京市急救站位于天安门旁边的南池子大街，当时的急救电话是5局5678。这个电话原本是北京同仁堂药店东家、北京市副市长乐松生先生胞妹家的电话，为了方便市民记忆，他们就把自己家的这个电话号码让给了北京市急救站，后来又因为电话升级，先后改为55局5678和65255678。直到1988年，北京急救中心正式建立，首次开通了全国统一急救电话——120，但65255678至今依然在用，一旦120打不通时，您还可以拨打65255678。

在我参与急救工作的几十年中，既有欢乐，也有泪水，但更多的是对急救这份事业的坚持和热情。我感谢我的母亲以及那么多热心善良的乡亲们，也感谢周围的同事、朋友、亲人对我的支持和爱戴。虽然现在我已经退休了，但我仍然会为中国的急救事业继续奋斗，让更多的人学会急救、自救，而不是在遇到事故或身体出现损伤的时候只会打120。

第 一 章

CHAPTER ONE

猝死：
事发突然，鬼门关上拉人

30 岁就挂了，叹人生之须臾

俗话说：天有不测风云，人有旦夕祸福。很多人认为，只有中老年人才会猝死，其实并非如此。事实上，现在猝死的年轻人越来越多。

我第一次单独执行急救任务，是调入北京急救中心工作不久，抢救一个年轻的小伙子。当时，年轻人猝死很少见，你想啊，他才 30 多岁。所以，那次猝死急救的经历，我一直记得很清楚。

那是 6 月下旬的一个清晨，天刚刚亮，我接到调度的指令出车了。当时大街上的人和车极少，不像现在，晚上在马路上行驶的车辆比过去白天的都多。我们的救护车很快来到一个胡同口，接应救护车的人上了车，他边指引着道路边对我说："我看够呛，人已经没气儿了。"

通过介绍，我了解到事情的经过是这样的：当天早上 5 点多钟，家属起来解手时，发现自己的丈夫不在床上，走到外屋一看，人在地上躺着，怎么叫也叫不醒，于是赶紧跑到院子里高声呼叫四周的邻居。院里的几家邻居都从睡梦中惊醒，跑出来一看究竟。有的邻居一看就明白了，赶紧打了急救电话。

我们一行人下了车，提着抢救设备迅速跑进院子。到了患者家一看，两间平房，一个 30 多岁的小伙子躺在外屋地上，旁边站着他的爱人，还有个小男孩，看起来也就三四岁，蹲在旁边看着，似乎还不懂发生了什么事。屋里屋外围了好多人，都在一边儿看着，没有一个人上去抢救。

我快步上前，蹲下检查患者。当时，患者已经意识丧失，面色、嘴唇青紫，呼吸、脉搏和心音也没有了，身体已经冰冷，身体的低垂部位（人在平躺时挨着地板的部位）已经出现了暗红色的尸斑，四肢所有的关节都已不能屈伸。要知道，猝死患者出现尸冷、尸斑、尸僵，意味着已经没法抢救了。

我起身告诉站在一旁的家属："患者已经死亡，遗体已经僵硬了，死亡时间最少也有一到两个小时了，救不了了。"

话音刚落，家属放声大哭，小男孩还不知道发生了什么事，可能是被母亲突然的大哭吓着了，惊恐地抱着她的腿，边哭边说："妈妈，别哭，妈妈，别哭……"孩子一边哭着一边哄妈妈。

一旁的邻居有的哀求我："大夫，您救救试试，万一能出现奇迹呢。"也有人说："还救什么呀？人都僵了，救也白救。"

后来，等大家平静下来，我跟大家说："这个小伙子是猝死的，猝死虽然危险，但也不是不可以起死回生。"

大家眼睛一亮，仿佛看到了希望。

我解释说："人的心跳、呼吸停止的时间如果不超过 4 ~ 6 分钟，是很可能被救活的，一旦超过了，脑组织就会发生永久性的损害；如果超过 10 分钟，人就脑死亡了，根本不可能救活。如果我们把握好这 4 ~ 6 分钟，积极地进行施救，就可能让患者活过来，所以那 4 ~ 6 分钟很重要。

现在，这个患者已经出现尸僵，一般人在死亡 2 ~ 4 小时后会出现尸斑、尸僵，这和环境、温度有关系，冬天出现得早些，夏天出现得晚些。所以，这个患者最起码在 2 个小时前就已经死亡了，现在抢救也不可能再出现奇迹了。要是有人懂点心肺复苏的知识，在发现患者时就进行施救，这个小伙子说不定有可能被救活！"

周围的邻居有的默不作声，有的点头称是。随后，大家你一句我一句地议论着，向我介绍了情况，我才知道，这个外表强壮的小伙子平时又能吃又能睡，又抽烟又喝酒，力气大，脾气也大，夜里睡觉鼾声如雷，邻居在院子里都能听到他的鼾声。

我又问："那他平常有什么病吗？"

大家异口同声："没什么病，平常身体挺棒的。"

不过，听他们说，小伙子的父母都有高血压、冠心病和糖尿病，他母亲前几年患脑血栓，至今生活不能自理，他父亲去年曾因急性心肌梗死在阜外医院抢救，差点儿死喽。

根据大家提供的情况，我推测那个小伙子多半是心源性猝死，因为他家里有心血管病病史，在这种情况下，即使平时看起来很健康，也要特别注意心血管病和猝死的发生。

那天我们返回急救站的时候，太阳已经很高了，司机热得满头大汗，我却感到手脚冰凉，而且心里更凉，特别难受。那个小伙子的死虽然和我没有关系，但当时我自己也 30 多岁，和他是同龄人，突然间感受到了生命的脆弱。

再回想他那个小家，家里摆设虽然很简陋，但收拾得井井有条、干干净净，特别温馨，能感觉到是个很美满的小家庭。这飞来的横祸，留下了孤儿寡母，真让人心碎……

　　现在算来，当初那个小男孩如今也应该 40 岁上下了，可能他早已娶妻生子，孩子也正该上小学，他母亲如今也该有 60 多岁了。虽然他们母子俩长什么样我早已忘记了，但那天早上发生的事，我依然清晰地记得。

"病魔之首"：好大的来头！

从事急救工作 30 多年来，这种猝死事件每天都在发生，很多是二三十岁的年轻人，尤其是最近 10 年，由于工作压力大，年轻人猝死比起我刚到北京急救中心那会儿，真是多太多了，中老年人猝死的情况就更多了。

那么，究竟什么是猝死呢？

猝死，仅从字面上理解就是突然死亡的意思，是指"貌似健康或病情基本稳定的患者在发病后 6 小时内，发生突然、意外、自然的死亡"。其中，心源性猝死约占 80% 以上，在发病后 1 小时内就死亡。

"发病后 6 小时内"是我国的规定，与世界卫生组织（WHO）的规定相同，其他国家或地区还有规定为 12 小时、24 小时的。时间不是绝对的，仅作为参考。著名相声演员侯耀文先生从上午开始发病，感到后背疼痛，直到下午 6 点多死亡，时间早超过 6 小时了，更不用说 1 小时了，但他依然是心源性猝死，而我们业内的人都认可这种判断，并没有为此而争论。

　　其实，判断猝死最关键的依据在于它的三大特点：突然、意外和自然。

　　"突然"表示急骤，"意外"表示预料不到，这两个词几乎不用解释，几岁的孩子都明白是什么意思，而"自然"死亡大多数人就未必知道是什么意思了。

　　"自然"死亡，指的是由于各种疾病导致的死亡，符合生命和疾病自然发生、发展的规律，没有暴力干预而发生的死亡，不包括由于疾病以外的各种原因导致的死亡——"非正常死亡"，也叫暴力性死亡，诸如触电、溺水、刎颈、自缢、急性中毒、车祸、高空坠落、工伤事故、自杀、他杀等。

　　在人类所有的疾病中，就其突发性、紧迫性、凶险程度和后果而言，无论过去、现在还是将来，世界上没有任何一种疾病能够与猝死相比，所以它又被列为"病魔之首"。

　　临床上，猝死可分为两大类，即心源性猝死和非心源性猝死。所谓心源性猝死，也称为心脏性猝死，指由于心脏原因导致患者突然死亡。患者以前可能患有心脏病，也可能并无心脏病史，但从发病到死亡可在1小时内瞬间毙命，这类患者在所有猝死患者中所占比例最大。

　　一般来说，引起心源性猝死的心脏疾病有两类，一类是冠心病，其中急性心肌梗死是冠心病的严重类型，是导致猝死的第一原因，占猝死总数的80%～90%；另一类是除冠心病以外的各种心脏病，如心肌炎、心肌病、心脏瓣膜病、主动脉夹层动脉瘤、先天性与获得性 Q-T 综合征、Brugaba 综合征……

　　所谓非心源性猝死，也称非心脏性猝死，指患者因心脏以外的原因导致的突然死亡，占全部猝死的10%～20%。

　　我常说："猝死是对人类和医学的疯狂挑战。"之所以这么说，是因为急救任务最大的特点就是突发性强、时间紧迫，而猝死又是急中之急、重中之重、险中之险，挽救生命的黄金时间往往就在数分钟之内，这就要求急救人员要及时到达现场，快速准确地进行判断和施救。要说最能体现"争分夺秒"的，就是抢救猝死的患者了，这也充分体现了"时间就是生命"的急救医学原则。

有些猝死发生前会有征兆

虽说猝死来得突然，猝不及防，但如果仔细观察就会发现，其实有些猝死患者在事发前，身体会发出预警信号，只是很多人并没有接收到并重视这些重要的信号。

这让我想起抢救北京市副市长李润五的事。

1995 年 11 月 2 日，北京市政府准备在上午 9 点召开一个会议。当时，参加会议的各局委办的人员都已经到了，会议即将召开。李其炎市长、张百发常务副市长和李润五副市长在会场旁边的小会议室先碰了个头，然后李其炎市长起身说："咱们过去吧。"张百发副市长也跟着站了起来，但他们两个人发现李润五副市长坐在沙发上，一动不动，没有反应，就一起大声叫他："润五，润五！"这时，时钟指向了 8 时 58 分。

李其炎副市长急忙推开门，大声问在外面等待开会的人："谁带了治心脏病的药？"市检察院的一位领导连忙掏出随身携带的硝酸甘油，递给了李市长，李市长亲手把药片塞进了李润五副市长的嘴里。与此同时，张百发副市长吩咐工作人员分别给市政府医务室和急救中心打电话。

我奉命赶赴市政府抢救李副市长，救护车在 9 点 10 分赶到，事发现场在市政府的一个小会议室，外面围满了人。见我们来了，他们立即给我们闪出一条路，我们快速跑到了患者身边。市政府医务室的姜主任正跪在地上给患者做胸外心脏按压，患者已经没有心跳、呼吸，我和护士立即给药、进行气管插管，心电监护仪显示的是一条直线，我们竭尽全力地抢救患者，同时听张百发副市长介绍病情。

经过按压、人工呼吸、纠正酸中毒等救治，患者几次出现"心室纤颤"的心电图图形，每次及时除颤，又都马上变成了"直线"。又过了 10 多分钟，学医出身的何鲁丽副市长也赶了过来，北京急救中心副主任、著名急救专家李宗浩教授也赶到了现场，北京医院、北京同仁医院的专家们也前来增援。几家著名医院的专家全力以赴，患者始终都没有任何反应。张百发副市长小声对我说："10 点钟那会儿，我看就没戏了。"我说："我一进门儿，不就说百分之百没戏，百分之百努力吗？"其实，在场所有的医生、护士和大部分人早已心照不宣，就是都不愿说出口。

最后，在场的专家和领导决定，把患者就近送往北京同仁医院继续抢救，在场的医生有的互相对视一下，都能读懂对方的意思，而这时已经是 11 点多了。当然，最后的结果完全是意料之中的：56 岁的李润五副市长永远地离开了这个世界。

其实，李润五副市长的猝死早有预兆，听他身边的工作人员说，在发生猝死的前几天，他一直感觉身体不适，浑身没劲、胸闷，呼吸也不如以前顺畅，还有些心慌。他曾在去开会的路上让司机停车，吸了一会儿氧，感觉好些了才又继续赶路。后来，有一次正在开会，李润五副市长突然意识不清，"出溜儿"（方言，"迅速滑动"的意思）到桌子底下……

大家一直劝他去医院看看，他总是说："等把北京今年冬天供暖的问题解决了再去看。"结果，还没有等到那一天，他就与世长辞了。所以，大家平时一定要引起注意，身体突然出现不适，突然出现一些以前从来没有过的症状，一定要尽快去医院看一看，不能不重视。

一些患者在猝死前没有征兆，这种情况防不胜防。而李副市长恰恰在发生猝死前有明显的征兆，但没有重视起来，最终没能够躲过这一劫。我在抢救李副市长的时候，听到旁边的多个工作人员说"他是累死的"。磨刀不误砍柴工，有病及时看，或许就可以避免或减少猝死悲剧的发生。

事实上，引起猝死的绝大多数急症都有比较典型的表现，或是明显的警示信号，而有一些信号则容易被大家忽略，或引起误诊。如果遇到以下情况，患者身边的人应该在对患者进行力所能及的抢救的同时，立即拨打急救电话120。

· 胸痛

胸痛最危险、最多见的情况为急性心肌梗死。其实，胸痛不仅限于心脏病，很多疾病都可以表现为胸痛。只要是胸痛，人们肯定首先会想到心脏病，这样一般就不会漏掉了。但是如果心脏病出现不典型的症状，往往就不会引起重视，这就很可能把急性心肌梗死给漏掉，而导致猝死。关于急性心肌梗死典型的和不典型的表现，我将在下一章进行详细的介绍。

· 呼吸困难

突然发生的呼吸困难往往也是很危险的，如急性左心衰、重症哮喘、气胸等都能导致呼吸困难，可迅速危及生命。

· 心慌

患者突然出现的心率加快，尤其超过140次/分钟，可见于室上性心动过速。室上性心动过速的发作时间稍长，可导致头晕、晕厥、胸痛、血压下降，甚至休克。如果在发生急性心肌梗死时，心率突然超过 100 次 / 分钟，也可能是更加危险的室性心动过速，出现室性心动过速则预示着可能发生猝死。如果患者心率突然低于 60 次 / 分钟，尤其低于 50 次 / 分钟，可能是严重的心脏房室传导阻滞，尤其在发生急性心肌梗死时心率减慢，也是猝死的危险信号。

·剧烈头痛

平日有高血压的患者突然剧烈头痛，并伴有呕吐，可能将要发生或已经发生了急性脑血管病，很容易导致猝死。

·肢体瘫痪

可以是一侧肢体瘫痪、一个肢体瘫痪、双下肢瘫痪、四肢瘫痪，这些说明患者发生了急性脑血管病或神经系统的其他严重疾病，也是猝死的危险信号。

·昏迷

患者突然发生昏迷，也就是"怎么叫也叫不醒了"，可见于各种原因引起的心脏骤停、急性脑血管病、颅脑损伤、低血糖症、各种急性中毒等急重症。

·抽搐

可能是癫痫大发作、癔病、小儿高热惊厥等，也可见于心脏骤停的瞬间。很多有心脏病的老年人长时间做一件事，比如打麻将，再加上天气闷热、空气不流通，很容易出现抽搐、满头大汗、脸色发白，继而出现猝死。也有年轻人平时没有运动习惯，突然的剧烈运动导致抽搐，继而出现猝死。

·急性腹痛

可见于急性胰腺炎、消化道穿孔、急性阑尾炎、急性胆囊炎、肠梗阻、宫外孕破裂等，上腹痛还可见于急性心肌梗死。其中，急性出血性坏死型胰腺炎、宫外孕破裂、急性心肌梗死均可迅速危及生命。此外，还有主动脉夹层和严重的肺梗死等，这类腹痛的患者可发生心跳骤停。

·窒息

可见于气道异物阻塞、喉头水肿、颌面部及颈部损伤等，因为肺部与外界不能进行正常的气体交换，从而发生缺氧。患者可出现剧烈呛咳、呼吸困难、面色青紫或苍白、烦躁不安、意识障碍、呼吸和心跳停止等。

·其他情况

如血压突然急剧增高，可能会导致急性脑血管病、急性左心衰等；血压急剧下降，应考虑发生了休克。呕血可见于消化道溃疡、肝硬化食管胃底静脉曲张破裂，咯血可见于肺结核等，这些都可因出血而导致休克或窒息，继而危及生命。突然发生头晕、眩晕（感觉周围景物旋转或自身旋转），可见于急性脑血管病等。还有各种急性中毒、触电、溺水、自缢以及其他一些发病突然、症状明显、痛苦较大的紧急、严重情况。

有统计显示，在所有的猝死患者中，大约90%发生在医院以外的各种场合，只有少数猝死发生在医院里。其中，65%的人死于发病后的15分钟内，而恰恰他们来不及去医院，救护车也不可能在4分钟内到达患者身边，所以就死在了医院以外的各种场合；其余35%的人死于发病后的15分钟至2小时之间，显然有一部分患者也是来不及去医院而猝死在发病现场或去医院的途中，那两个小时来得及吗？当然来得及，那为什么还死在医院以外了？往往是因为患者的表现不典型，没有引起患者和家属的足够重视。比如侯耀文先生，因为当时他不是胸痛，而是后背痛，就没能充分重视起来，结果发生了猝死。

 @ 急救医生贾大成暖心提醒

以下疾病表现预示猝死可能发生

猝死不典型表现	可能伴随的疾病
胸痛	急性心肌梗死最危险、最多见的情况之一
呼吸困难	急性左心衰、重症哮喘、气胸等
心慌	室上性心动过速、室性心动过速、严重的心脏房室传导阻滞
剧烈头痛	急性脑血管病
肢体瘫痪	急性脑血管病或神经系统的其他严重疾病
昏迷	各种原因引起的心脏骤停、急性脑血管病、颅脑损伤、低血糖症、各种急性中毒等急重症
抽搐	可能是癫痫大发作、癔病、小儿高热惊厥等，也可见于心脏骤停导致的瞬间
急性腹痛	急性胰腺炎、消化道穿孔、急性阑尾炎、急性胆囊炎、肠梗阻、宫外孕破裂等；上腹痛还可见于急性心肌梗死。此外，还可见于主动脉夹层和严重的肺梗死等
窒息	气道异物阻塞、喉头水肿、颌面部及颈部损伤等

高危者不自废，吉凶就是一步之遥

曾有人问过我："贾大夫，你能不能预测一下，我会不会猝死？什么时候猝死？"每次我都斩钉截铁地回答："不能！我不是神仙，预测不了。但我能判断一个人属不属于猝死的高危人群。"

如果一个人属于高危人群，猝死的发生率自然就高。哪些人是猝死的高危人群呢？

·50 ~ 70 岁的中老年人

随着人口寿命的延长和老龄化社会的到来，我们国家与发达国家的情况也会渐趋一致，将面临或经历冠心病发病的高峰期。整体而言，中老年人的发病率高于年轻人，年轻人高于未成年人。实际上，根据我这么多年的经验，猝死发生率最高也是我见过最多的，是 50 ~ 70 岁的中老年人，其次是 40 ~ 50 岁的人，之后才是 40 岁以下和 70 岁以上的人。

·家族慢性病史人群

父母有动脉硬化、高血压、冠心病、脑血管病、糖尿病等慢性病的家庭，子女得这些病的概率就高；反之，父母没有这些病，子女得这些病的概率就低。以冠心病为例，冠心病不是遗传性疾病，但有遗传倾向。与其说冠心病有家族性遗传倾向，不如说是冠心病的其他危险因素在起作用，如高血压、高脂血症、糖尿病和肥胖症等。

另外，更多原因可能是，一个家庭的成员由于长期在一起共同生活，有相同或相近的生活习惯，甚至连为人处世的性格和行为都很接近，从而成了危险因素。

美国曾是冠心病高发国家之一，如果按一般遗传或家族的概念来理解，他们的"冠心病家族"肯定比我国多出许多，他们的后代发病率也应该有越来越多的趋势。但事实上，近些年，美国的冠心病发病率大幅度下降，这与美国越来越倡导健康的生活方式有密切关系。

·A 型性格的人

A 型性格的人固执、急躁，办事较真，人际关系紧张，常有时间紧迫感。A 型性格的人又可分为两种类型，一种类型是语速快、走路快、固执急躁、争强好胜、独断专行、锋芒毕露、容易冲动、点火就着、办事果断迅速，这种人血液中的肾上腺素含量较高，容易发生高血压、冠心病等；另一种类型的人比较内向，虽然也很急躁、易激动，但往往压抑自己，即使内心不满，也不表现出来，常有无法表现的愤怒和被压抑的心情。后者血液中的肾上腺素的含量较前者更高，比前者更容易患高血压、冠心病等，病情发展也更快。

每次我遇到急性心肌梗死、脑出血或猝死的患者，往往都会问其家属："他平常脾气怎么样？"得到的回答多数是"他脾气可不好了""脾气特别大"或"脾气特别坏"。A 型性格的人，血管中的胆固醇水平一般较高，凝血时间也缩短，血液中的红细胞流动缓慢。A 型性格既是引起动脉硬化的危险因素，有时又是直接导致一些凶险急症突然发生的诱发因素。比如，一个人因为与人发生争执，大怒，从而诱发了心绞痛、急性心肌梗死、血压激增、脑出血、猝死等。所以，要学会控制情绪，避免悲剧的发生。

·隐匿型冠心病患者

有些人"貌似健康"，而实际上很可能有潜在的或未被发现的疾病，如心脏病。这样的患者，我们几乎每天都能遇到，尤其是相对年轻的患者，比如40多岁或50多岁，甚至是20多岁、30多岁的人，都可能出现。

到了现场以后，患者的心跳、呼吸通常已经停止，我们一边抢救一边向周围的人追问患者的病史："他刚才怎么不好？"一般只要患者身边有人，他们都能说清。我们继续问："他以前有过什么病？"经常听到很多人会回答："他以前什么病也没有，身体特棒。"

没病还会死？身体特棒还会死？这么说是不准确的，不能说没病，也别说特棒，应该说"不知道有什么病""没发现有什么病"或"没诊断过有什么病"，这样就客观了。当然，我们作为医生不可能要求人家必须这样说。

再有，在冠心病的分型中，有一种叫"无症状性心肌缺血型冠心病"，也可以叫"隐匿型冠心病"或"无症状型冠心病"。顾名思义，就是患者已经得了冠心病，但是没有症状，也就是患者自我感觉不出来，所以就认为自己没有冠心病，而事实上，他已经得了冠心病，只是自己不知道而已，别人也就认为他没有病了。

美国的一个统计结果显示，在所有的冠心病患者当中，25%的人首发表现就是猝死。冠心病的首发表现，也就是最早出现的、最多见的症状是胸闷、憋气，也有患者第一次发病就出现胸痛、心慌、呼吸困难、意识不清、休克等症状，但最多见的还是胸闷、憋气，而还有 25% 的人从来没出现过这些症状，就出现了猝死。

·更年期女性

一般男性的猝死率远远高于女性。有人统计，男女两性猝死发生的比例为 4：1，也有资料显示，甚至高达 7：1。这可能与男性较多地承受家庭与社会压力，以及男性多有吸烟、酗酒、熬夜等不良生活习惯有关。所以，男性更要注意采取健康的生活方式，才能离猝死远一点儿。值得注意的是，女性绝经期前发病率低于男性，而绝经期后发病率逐渐升高，与男性接近，这与体内的性激素水平有关。当然，女性同样应采取健康的生活方式，否则同样可怕，20 多岁的女孩儿照样发生猝死，而步入更年期的女性不加注意，则更加可怕。

·特殊职业人群

多见于生活方式不健康、作息不规律、过度劳累、心理压力过大的一些职业，其中，发病率较高的人群是知识分子、白领、演艺界人士、运动员、企业家、警察、出租车司机、政府部门的工作人员等。

上边提到的这些人虽然是猝死的高危人群，但高危人群不等于一定会猝死。"万事预则立，不预则废"，远离猝死，除了要警惕危险因素外，调整好生活方式同样重要。另外，这些高危人群尤其应该掌握点急救知识。

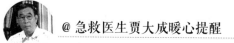 @ 急救医生贾大成暖心提醒

谨防以下猝死高危因素

年龄因素	50 ~ 70 岁的中老年人，其次是 40 ~ 50 岁的人，之后才是 40 以下和 70 岁以上的人
遗传因素	父母有动脉硬化、高血压病、冠心病、脑血管病、糖尿病等慢性病的家庭，子女得这些病的概率就高
性格因素	A 型性格的人血液中的肾上腺素的含量比正常人高，易患高血压、冠心病等猝死相关性疾病
其他因素	性别上，男性高于女性，而绝经期女性与男性相当；职业上，心理压力大的人更容易猝死；有心脏病病史的人更容易猝死，如"貌似健康"的心脏病患者、隐匿型冠心病患者

谨防运动性猝死让好事变坏事

说到这儿，我要着重讲一下发生在运动员身上的猝死，就是运动性猝死。

运动性猝死，是指在运动中或运动后 6～12 小时内的意外死亡。它与医学界对猝死的定义十分相似，主要区别在于，运动性猝死发生在运动中或运动后，而且患者从发病到死亡仅几十秒、几分钟，非常迅速，这是运动性猝死最重要的特征。

在近几年的马拉松比赛中，几乎每次都有猝死事件发生。仅 2015 年一年，国内马拉松比赛就发生了 5 例运动性猝死。有的人是首次参加长距离比赛，在中途突然晕倒，发生猝死，由于没有得到及时的急救，虽然被送往医院，结果仍然因抢救无效，不治去世；也有的人虽然在猝死当下，接受了急救人员对其进行的电除颤和心肺复苏急救，但结果还是抢救无效而死亡。

2015 年 10 月 25 日，合肥国际马拉松比赛中，参加半程项目的一名男选手在临近终点处突然晕倒，现场医务人员立即对他进行了心肺复苏和人工呼吸等急救措施，但他仍神志不清、呼之不应，后来紧急将其送至附近医院。经过 4 个小时的全力抢救，仍然无效，该选手最终不幸离世。

由此可见，运动性猝死发生的急迫性和病情的危险性。

马拉松比赛是一项高负荷、大强度、长距离、高风险的竞技运动，对运动员身体状况有较高的要求。要参加这个项目的比赛，参加者必须经过系统训练，循序渐进，量力而行。在参加比赛前，参加者应该进行全面的体检，发现身体不适，就不宜继续参加了，而有各种心脏病、高血压、糖尿病，以及感冒、肥胖、年龄过大的人，也都不宜参加马拉松比赛。

运动性猝死发生率为 0.25 ~ 2.3 人 /10 万人，高危年龄在 30 ~ 50 岁，主要见于足球、网球、自行车、田径、游泳、篮球等运动中，还有体育课。运动性猝死者多数有器质性疾病，心血管病（冠心病、冠状动脉畸形、心肌炎、心脏瓣膜病、肥厚性心肌病、主动脉破裂等）占首位，其次是脑血管意外。另外，运动性哮喘、肺栓塞和原发性肺动脉高压等呼吸系统疾病，也可因运动而诱发或加重病情，如果不能及时发现和抢救，同样可致命。

很多人在长跑过程中都会出现运动“极点”：感觉身体极其难受，心率增快、胸闷、呼吸困难、窒息感、头晕眼花、面色苍白、出冷汗、全身无力、恶心、呕吐等，很多人在这个时候会产生放弃比赛的念头。这种情况往往出现在比赛的半程或冲刺时，很多人咬咬牙就挺过去了，度过了这个“极点”。通常，经过专业训练的选手很容易挺过去，但不经常长跑的人容易在“极点”发生意外。为了避免事故发生，在“极点”时刻，参加者应该逐渐放慢速度，等到身体适应后，再决定是否要加快速度。否则，如果不进行调整，参加者极易发生意外情况，比如运动性猝死。

那如果在运动过程中，遇到参加者发生运动性猝死，该怎么办呢？

一旦在运动比赛中出现参加者发生运动性猝死，施救者应立即让患者躺平，对其进行胸外心脏按压，同时通知医疗急救部门，尽快使用AED进行心脏电击除颤。

说到这儿，我想起2015年3月15日举行的无锡国际马拉松比赛的报道，之所以记得很清楚，是因为这是国内马拉松比赛中首次使用AED抢救患者的案例，而且也取得了成功，令人十分鼓舞，也使不少人对AED的作用有了认识。

那天，比赛正在进行中，一名选手突然倒地，急救队员马上赶到，确认这个选手呼吸已经停止。一名急救员立即对其进行了胸外心脏按压，并嘱咐其余的人赶紧去拿AED。3分钟后，AED及时用上，患者逐渐恢复了心跳、呼吸和意识，逃过一劫。后来，在2016年2月的海南国际马拉松比赛中，以及在2016年3月的上海松江半程马拉松赛中，都各有一名选手在比赛中发生运动性猝死，最后经过及时心肺复苏和使用AED，抢救成功。

透过院前急救成功率，看社会的文明程度

不少人都觉得医生冷血，尤其是急救医生，觉得我们每天面对死亡，应该对生命早就麻木、冷漠了。曾经有不少人问过我同样的问题："你们整天和人命打交道，是不是拿人命都不当回事了？"

我每次都是这样回答的："事实上，恰恰相反，正因为我们每天都在和人命打交道，对生命的感悟、对死亡的思考，肯定比一般人更多、更深刻，也更珍惜生命、热爱生活，更懂得维护生命的尊严。我们不是漠视生命，而是由于经历得太多了，心理承受能力比一般人要强得多罢了。"

"急救"二字中，急，就是紧急，就是争分夺秒；救，就是救治，就是全力以赴抢救。急救，就是和死神作斗争，就是要把那些挣扎在鬼门关的人拉回来。而猝死，就是那道鬼门关。被抢救存活的人，就是到阎王爷那儿转了一圈又回来了，那些没有被抢救过来的人就永远留在阎王爷那儿了。

现代急救主要由三部分组成：院前急救、急诊科的继续救治、危重病监护病房（如 ICU、CCU 等）更加完善的救治。院前急救也叫院外急

救或现场急救，是指在进入医院以前，在医院以外的任何时间、任何场合进行的救助，针对各种急性危重症以及突发性危机事件，使患者安全、迅速脱离危险环境，及时对病情或伤情进行快速评估、抢救、护理、转运及途中监控病情，并将伤病者安全送往医院，为挽救生命与院内的后续救治赢得时间、创造条件。

狭义的院前急救是由急救中心来承担的；广义的院前急救，应包括除急救中心和医院以外的社区医疗卫生服务中心（站）、门诊部、卫生所、医务室、保健室等医疗机构，更应包括全民性的自救和互救。院前急救是现代急救医学中无可替代的重要组成部分，是医疗战线的最前沿，是挽救生命的主战场，往往也是最后一道防线。

什么是急性危重症？比如，一个人突然发烧，你说急不急？当然急！但不重，一般不会危及生命，患者完全可以自己或在家人护送下去医院看急诊。再比如，一个肝癌的患者，你说重不重？当然重！但不急，可以不用救护车，甚至连急诊都不用去，直接到门诊治疗或住院治疗就可以了。

人类有很多的急症，有的是突发急症，有的是在慢性疾病的基础上突然加重。这些急症，有的可能快速危及生命；有的可因病情的迅速恶化而危及生命；有的可能因病情延误逐渐加重而危及生命；有的虽然不会引起生命危险，但令患者十分痛苦；也有既不危及生命，患者也无明显痛苦的……可见，各种急症的危险程度不同。

那什么时候需要我们急救医生呢？还是以刚才那两种患者为例。发高烧的患者突然抽搐、昏迷了，肝癌的患者突然由于食管胃底静脉曲张破裂而大出血了，这两类患者都是"又急又重"，甚至有生命危险了，必须立即拨打急救电话120，此时就该我们急救医生出手了！在拨打急救电话时，有几点需要注意说清楚。

①患者的姓名、性别、年龄。患者身份不明时说明性别、大致年龄。

②患者当前的简要病情，已经采取了哪些措施，有何效果。

③患者当前位置的详细地址，如小区的名称、楼号、单元号、楼层、房间号。

④如果突发灾难事故，应说明事故性质，比如火灾、塌方、车祸等，并说明受伤的大概人数等。

⑤其他应该说明的情况，以及急救中心受理台询问的其他问题。

⑥约定好等候、接应救护车的确切地点，尽量避免或减少救护车因地理环境生疏而造成的延误，以便医生能快速、顺利地到达患者身边。等车地点最好选择在就近的公交车站、较大的路口、著名的单位门前、标志性建筑、醒目的公共设施等处，这至关重要。

等候急救中心受理台挂机后，再结束通话。结束通话后，尽量提前到约定地点，接应救护车；见到救护车后，应主动上前接应，带着急救人员赶赴现场。在接到救护车前，应始终保证电话通畅，以便随时与急救中心受理台或救护人员保持联系。在救护车到来之前，切忌提前将患者进行挪动，否则可能加重患者病情。

发生猝死需要救命了，该指望谁？要我说，猝死的急救不能只是指望医生和急救中心。为什么这么说？

从发病到想起打急救电话，到电话接通，描述完病情，说清楚地址，再到急救中心调配医生和车辆，救护车飞速赶往患者发病地点；然后，急救医生提着诊箱、心电图机、除颤器、气管插管箱，可能还有电动心脏按压泵等急救设备，全套装备加起来一共 30 多公斤，急急忙忙赶到急救现场，这其中的每一个过程都需要花时间。如果一切顺利，医生可能在 15 分钟之内就到了，而如果运气不好，遇到急救电话打不通，或者医院人手不够无法派车，或者再遇到大堵车，医生不知道什么时候能到，情况就不容乐观了。

多少次，我们急急忙忙赶到现场，患者家属却一脸不高兴："你们怎么回事啊？怎么这么晚才来？"此时，就算心里有再大的委屈，我们也得忍着，家属心里着急，我们得理解。

美国每年平均约有 45 万人发生猝死，早在 20 世纪 80 年代初，西雅图地区的复苏成功率就高达 43%；而中国每年平均约有 54.4 万人发生猝死，复苏成功率不足 1%。中国和美国的抢救成功率为什么如此悬殊？

我手上有一份 2008 年的资料：美国西雅图，急救反应时间在 5 分钟内，急救半径 2 ~ 3 公里，平均每 2 万 ~ 3 万人一辆救护车，急救普及人口达到 70%；而中国北京，急救反应时间平均 15 分钟，急救半径 5 ~ 7 公里，平均每 10 万人一辆救护车。北京急救中心每天最多时可接到 2 万多个急救电话，出 2000 多次车，还是无法满足全部需要。北京举办奥运会期间，要求北京市民每 80 个人中有一个学会急救，即使这样，急救普及率也远远不及欧美国家。

很多次，我们开着救护车以最快的速度冲到急救现场，看到患者已经停止了呼吸，而周围的人却一脸茫然、手足无措，不知道怎么施救，就感到我国公众不仅缺少急救知识、急救技能和急救设备，更缺少急救意识。

不同国家和地区平均急救反应时间比较

国家和地区	平均急救反应时间（分钟）
日本东京	5
美国西雅图	5
巴西圣保罗	5～8
中国上海	15
中国北京	16
中国其他地区	60

包括心肺复苏在内的急救普及率和成功率的高低，不仅标志着一个国家的医学发展水平，也标志着这个国家的经济发达程度、城市管理水平、社会协调能力、政府对民生的重视程度以及全体国民素质的高低等，它已经成为一个国家、一个民族、一个城市、一个单位文明和谐的标志之一。

政府和全社会应该把具有国际视野的健康教育、急救教育、死亡教育，列为全民终身普及教育的必修课程！尤其高危行业、服务行业，应把急救技能列为职业技能之一，各级各类学校，都应把急救普及教育列为必修课！

发生猝死，最重要的是患者身边的人立即施救，要及时、正确、坚持下去！不要以为打了急救电话就万事大吉，在急救医生到来之前，及时开展现场自救、互救，才有可能救人救己，这就是学会急救的意义！

生死时速：最是那"黄金4分钟"

从医学上来说，对于突发猝死，在刚开始的4分钟内，如果有人能对患者进行有效的心肺复苏，对抢救生命至关重要，这是挽救生命最关键的"黄金4分钟"。

2007年，上海市浦东新区对12000名市民进行调查，"黄金4分钟"的知晓率仅为11.6%。

我们知道，一旦发生猝死，全身所有的组织、器官都会受到不同程度的损害，脑组织首当其冲。大脑是人体耗氧量最高的组织，其重量仅占人体自身重量的2%，血流量却占全身总血流量的15%，而耗氧量占到全身总耗氧量的20%～30%（婴幼儿可高达50%）。

因此，脑组织比任何器官都更怕缺氧，对缺氧最为敏感。如果是手断离了，手的供血、供氧完全中断了，只要条件较好，如创口整齐，保持断肢的干燥，并进行低温保管等，一般在3小时内可以断手再植成功；而脑组织对于缺血、缺氧的时间则不能以小时计算，而是以分秒来计算。通常，患者发生心脏骤停后，按时间顺序可表现为：

即刻： 心音、脉搏及血压消失。

3～4秒钟： 出现头晕、眼花、恶心。

10～20秒钟： 由于严重的脑缺氧，患者意识会突然丧失，可伴有全身性、一过性、痉挛性抽搐，双侧眼球上吊、固定，面色、口唇青紫。

30～40秒钟： 双侧瞳孔散大，对光反射消失。

40～60秒钟： 呼吸停止或喘息样呼吸，可伴大小便失禁。但如果是由于哮喘、溺水等引起的少数窒息性心脏骤停，则恰恰相反，呼吸先停止，心跳后停止

如果心跳、呼吸停止的时间超过了4～6分钟，脑组织就会发生不可逆的损害！就算人救活了，也难免留下后遗症，最轻的后遗症是反应迟钝、记忆力减退，最严重的后遗症是变成植物人。当然还有介于二者之间不同程度的后遗症，留下永久性的遗憾。如果心跳、呼吸停止的时间超过10分钟，则会发生脑死亡，人就无可挽救了。

因此，必须要抢在4～6分钟之内开始进行抢救。抢救开始得越早，复苏成功率就越高，后遗症就越少。每延误1分钟，抢救成功率则下降10%。

很多人都听到过或看到过车辆故意阻挡救护车的新闻，有些人把它当作趣闻，听听或看看就过去了，不明白这种行为的恶劣性，我就亲身经历过好几起这样的事情。其中最戏剧性的一次，是我们出车前往一个胡同去抢救一位突发剧烈胸痛的老太太。

那天，我们的救护车开到地安门大街的时候，有个开黄色小轿车的人不知道怎么地跟我们开起了玩笑，一直挡在我们前面，还故意把车开得很慢。我们使用了警报，他也不让道。我们的车几次变道想绕过他，

他立马变道过来重新挡在我们前面。后来，车主从车窗里探出头来，是个年轻的小伙子，还冲我们做鬼脸，当时我恨不得破口大骂。

就这样，本来5分钟就能到的路程，被延长到了10多分钟。最终，这辆黄色小轿车停在我们要去的胡同里的一个门口。由于当时急着救人，没时间和他理论，我们一下车就匆匆地往现场跑。结果发现，这个小伙子跟我们走的是一条路，等我们进了那个四合院，就听到一间屋子里传来痛哭声。那小伙子突然脸色一变，拔腿先跑进屋里，我们也跟着进了屋。一个老太太正躺在地上，旁边的几个人在大哭，并责问我们："你们怎么来这么晚？"我指着刚刚进来的那个小伙子说："你问他吧。"小伙子一声儿没吭。

随即，我们检查了患者，发现老人已经停止了心跳、呼吸。这时，站在一旁的小伙子开始号啕大哭："妈，都赖我……"看着他痛不欲生的样子，我们是又生气又同情。虽然我们对患者进行了全力抢救，但仍然无济于事。如果不是老太太的亲生儿子阻挡救护车，我们就能早到几分钟，他的母亲也许就不会死。我虽然不相信因果报应，但这也太巧合了吧。

当然，最终的抢救结果取决于众多因素，其中两个方面最重要：一是病情的严重程度，二是抢救是否及时、正确。

我在前面说了那么多让人痛心疾首的例子，就是为了告诉大家，下一个猝死的人，也许就是你、我，也许就是我们的亲人或朋友，每个人都应该掌握一些必要的急救知识，以便在关键时刻救自己或者他人一命。

我再给大家讲两个故事，碰巧的是，它们都发生在外国人身上。

第一个故事，大概发生在10多年前。

有一天，位于北京顺义区的索爱公司通过崇文区红十字会邀请我去做急救培训，培训还没开始，公司的员工先给我讲了个真实的事件：2004 年 4 月 8 日晚 6 点 30 分，54 岁的爱立信（中国）公司总裁、曾是瑞典皇家空军预备军官的瑞典人杨迈先生因心脏病猝死在公司前台（并非网上说的猝死在跑步机上）。当时是下班时间，他身边围了好多人，但没人救他，等医生到了的时候，人已经死了。为什么没人救？因为在场的都是中国人，他们都不知道该怎么救！

这是一个让人堵心的故事。后来，每次出去讲课的时候，我都感慨一番：一是这个瑞典人如果发生猝死当时在瑞典，很可能就得救了，因为当时瑞典是全世界心肺复苏普及率最高的国家之一；二是叹息当时会心肺复苏的中国人太少了。后来，爱立信与索尼联手了，改名叫"索爱"。他们公司有一次组织员工乘坐大轿车去旅游，不幸车翻了，死伤 20 多人。杨迈先生的猝死，再加上大轿车翻车这件事，公司领导决定对全员进行急救培训。我一连去了几年，每年最少去两次，这家公司当时成为北京地区最重视学习急救的单位。

为什么非要等到死了人，才想起学习急救？平时就应该学会急救，以备不时之需。

第二个故事，是一个令人欣慰的故事，发生在位于紫竹桥的香格里拉饭店。

因为我常给北京的各大饭店做急救培训，和香格里拉饭店当时卫生部的肖经理、医务室的曲大夫都成了好朋友，那里的工作人员也基本都认识我。

那天刚一进门，两个女服务员看到我特别高兴："贾老师，前几天我们救活了一个猝死的外国客人。"我说："真的假的？吹牛呢吧？"其他服务员也说："真的，不信您回去问问你们 120 一位姓张的大夫，那天是他来抢救的。"

后来，回到急救中心后，我查了出车记录，找到了那天去香格里拉饭店的张双森大夫："前几天你去香格里拉救了个外国人，复苏成功了？"张大夫说："是啊，不过多亏了那儿的服务员救得及时。我们的车当时离得也不太远，可是正好赶上堵车，接到电话就赶快往那边赶，十几分钟才赶到。到了一看，患者没有了心跳、呼吸，服务员正跪着给患者做心肺复苏呢。我说：'做得还挺标准。'他们说：'是您那儿的贾大成老师教会我们的。'我马上准备用药、连接心电监护，还没来得及上手抢救，患者的心跳、呼吸就恢复了！如果不是他们先进行抢救的话，等我们到了再抢救，肯定就晚了。"后来，经过张大夫的专业抢救，患者的意识也很快恢复了，是一个复苏成功的病例。

这位猝死的外国客人之所以能够起死回生，首先应归功于饭店员工及时、正确的抢救，当然还得益于张双森大夫丰富的抢救经验。

从这一悲一喜两个故事可以看出，患者能不能存活下来，有两点至关重要：一是短短的 4 ~ 6 分钟至关重要，也就是所说的抢救猝死的"黄金 4 分钟"；二是在这几分钟时间里，患者能不能接受及时、正确的急救。

然而，救护车的速度再快，大多数情况下都不可能在数分钟内到达患者身边；医院里的设备再先进，医生的医疗水平再高，大多数患者也不可能在数分钟内被送到医院。那么只有等死了吗？有没有办法解决？有！就是靠患者以及周围的人及时救助，为救护车的到来赢得时间、创造条件，一定要把握好抢救的"黄金4分钟"。

因此，除了倡导健康生活方式，避免和减少疾病的发生，从而避免和减少猝死的发生外，学会心肺复苏，才能应对猝死！每个家庭至少1~2个人学会心肺复苏，猝死悲剧的发生就会大大减少，打完120急救电话后，就不会不知所措了。

人人懂得心肺复苏术，急救武装到牙齿

说了半天猝死、急救，其实对于我们每一个人来说，最应该掌握的是心肺复苏术。

这是一门能够在危急时刻挽救猝死者生命的技术，而且不用任何医疗器械和专业知识，只要你有手，按照方法来就可以。像前面提到的那么多的案例，如果在打完120电话后，救护车来之前，患者周围哪怕有一个人会心肺复苏术，及时对患者进行救治，患者很可能就被救过来了。

在欧美等发达国家，心肺复苏术几乎是每个人都要学会的基本技能之一。在20世纪90年代，美国就通过了相关法案，实行了"公众可获取的除颤仪"计划，在美国的公众场所安置AED，要求在10分钟内即可获得AED，并对普通民众进行训练。

心肺复苏（CPR）是指为恢复心脏骤停患者的自主循环、呼吸和脑功能所采取的一系列急救措施，包括心肺复苏徒手操作、药物抢救以及相关仪器（如AED）的使用等。

·第1步，评估现场环境的安全性

施救者在进入现场前，要先观察和了解整个现场的环境情况，现场情况往往能够提示已经发生事件的性质，已经造成的伤亡，将可能发生的危险以及可能继续造成的损伤等，并采取必要的防护措施，然后快速排除各种险情，方可进入现场。只有确保施救者自身的安全，才能开始抢救患者。否则，可能事与愿违，甚至造成更大的损失。除了拨打急救电话120外，在必要的情况下，还要尽快请求消防队、工程救援等有专业技能及专业器材的人员帮忙支持。

·第2步，判断伤者有无意识和呼吸

施救者轻拍患者的双肩部位，并大声呼叫患者，如果患者没有反应，立即在5～10秒钟内，通过观察其胸部有没有起伏来判断有没有呼吸。

·第3步，立即拨打急救电话

如果发现患者意识丧失、没有呼吸，要立即拨打急救电话120，联

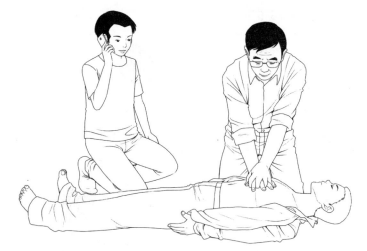

如果急救现场有两个人，一个人赶快拨打120，一人进行心肺复苏，启动紧急医疗服务（EMS），尽快获得AED。

系急救中心，以尽快得到专业的医疗急救。如果发现现场还有其他的人，
也可以请他们尽快拨打急救电话。如果遇到溺水、创伤、药物中毒或者
8岁以下的儿童，可先进行心肺复苏5个循环（大概2分钟），再打急救
电话（充分利用手机免提功能，可一边打电话，一边进行心肺复苏）。

·第4步，将伤者放至复苏体位

这里的复苏体位是指仰卧位，凡不是仰卧位的患者，施救者要将其

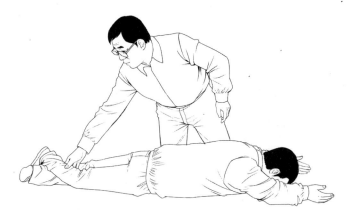

跪在患者身体的一侧，然后将其两个上肢向上伸直，将
远侧的腿搭在近侧的腿上。

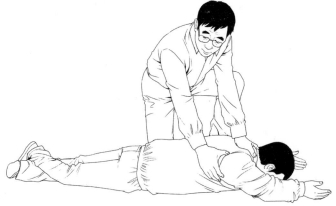

一只手固定住患者后脖子部位，另一只手固定在远侧腋
窝部位，用力将其整体翻动成仰卧位。

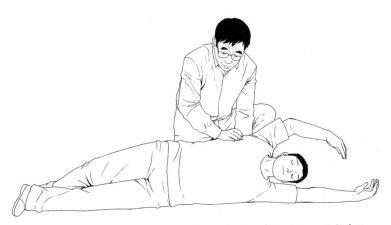

患者的头、颈、腰、髋几个部位必须在一条轴线上，避免身体扭曲、弯曲。

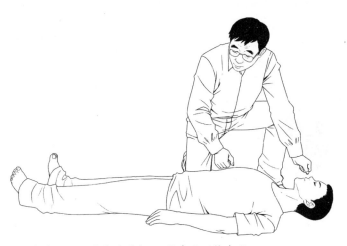

患者的头不能高过胸部，不能在头下垫东西。

放成仰卧位。但是，这可不能乱来，是有套路的。

先跪在患者身体的一侧，然后将其两个上肢向上伸直，将远侧的腿搭在近侧的腿上，然后用一只手固定住患者的后脖子部位，另一只手固定在远侧的腋窝部位，用力将其整体翻动成仰卧位。要注意，患者的头、颈、腰、髋几个部位必须在一条轴线上，避免身体扭曲、弯曲，不然的话，会损伤其脊柱。另外，患者的头不能高过胸部，避免导致气道梗阻和脑血流灌注减少。

患者仰卧的地面要坚实，不能是软床、沙发一类的，否则之后按压时，深度不够，心脏的排血量会减少。

· 第 5 步，胸外心脏按压

胸外心脏按压是心肺复苏操作中最重要的环节，能够帮助人体重建循环。如果操作正确，可以让心脏的排血量达到正常时的 25% ~ 30%，脑血流量可达到正常时的 30%。

首先，施救者跪在伤者身体的一侧，两膝分开，与肩同宽，且自己的身体要正对伤者的乳头部位。以自己的髋关节为轴，利用上半身的体

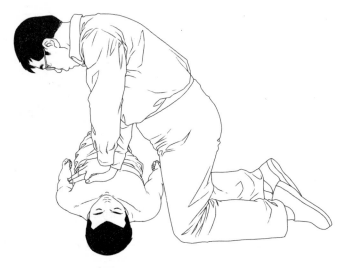

按压时，手臂要垂直于地面，不可斜着、歪着、弯着，且身体不能晃动。

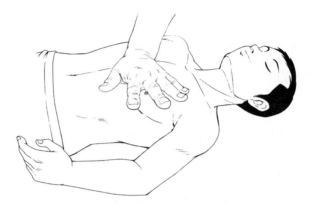

　　按压前，一只手掌根部放在两个乳头连线的中点，中指压在远侧的乳头上。

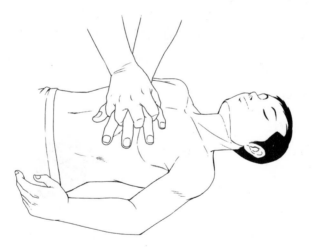

　　按压时，两手重叠，十指交叉相扣，手掌根重合放在胸骨正中，按压过程中，手掌根部不能离开胸壁。

重和肩部、双臂的力量，垂直向下按压伤者的胸骨。注意！两个手臂要一直保持伸直状态，在按压的时候，手臂要垂直于地面，斜着、歪着、弯着，都不对，而且身体不能晃动，这是保证按压有效的条件之一。

　　其次，按压部位的选择很重要，原则上是要选择患者胸骨的下半部。

将一只手掌根部放在两个乳头连线的中点，不能偏了，中指压在远侧的乳头上，然后用另一只手重叠地放在上面，手掌根重合，十指交叉相扣，保证手掌的根部在胸骨正中的位置。在按压的过程中，手掌根部不能离开胸壁，防止按压位置发生移动。

按压到什么程度才有效呢？一般为胸壁厚度的 1/3，或按压深度至少 5 厘米，以触摸到颈动脉搏动最为理想。按压的频率为不少于 100 次 / 分（建议在 120 次 / 分以上）。放松时，要使伤者的胸廓完全扩张，否则，回心血量会减少，但是手掌根部依然不能离开胸壁。

· 第 6 步，开放气道

为何要做这一步？因为人在意识丧失尤其是心跳停止后，全身的肌张力会下降，咽喉部及舌头部位肌肉的肌张力同样也会下降，舌头会后坠，很可能造成气道阻塞，阻碍呼吸。

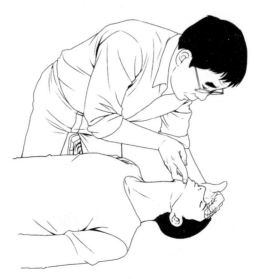

一只手的小鱼际放在伤者前额，向下压，用另一只手的食指和中指向上提伤者额部的骨头，让其额部和下颌部抬起来，头往后仰。

如何开放气道呢？用"压额提颏法"：将一只手的小鱼际部位放在伤者的前额上，向下压，而另一只手的食指和中指并拢，放在伤者颏部的骨性部分，然后向上提，让其颏部和下颌部抬起来，头往后仰，同时耳垂与下颌角的连线与患者仰卧的平面垂直（也就是鼻孔朝向正上方），这样，气道就开放了。

·第7步，判断有无呼吸

开放气道后，用5～10秒的时间观察一下患者的胸腹部，看看有没有起伏，以判断其还有没有呼吸。如果没有呼吸或者仅仅是喘息样的呼吸，可以进行口对口的吹气。

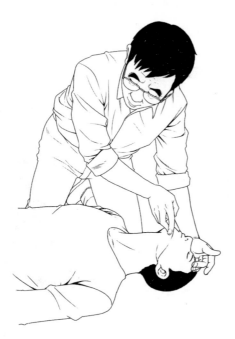

如果患者没有呼吸或者仅仅是喘息样呼吸，可进行人工呼吸。

·第8步，口对口吹气

打开气道后，用食指和中指捏住患者双侧的鼻翼，并用自己的嘴严密包绕患者的嘴，向患者肺里面连续吹气2次，每次吹完后，侧头换一下气，并松开捏着鼻翼的手指，然后再进行第2次吹气。每次吹气持续1秒钟，不能吹得太大，时间也不能太长，否则很容易导致患者胃部膨胀、压力增高，压迫肺，使得肺通气减少，还可能导致胃内容物反流到口腔，导致气道阻塞。

通常，胸外心脏按压与口对口吹气有一个比例，为30：2，也就是每做30次的按压，就要做2次口对口的吹气。这是一个循环，直到做到AED可以马上使用，或者急救人员接替。另外，5个循环（约2分钟）后，检查一次患者的脉搏（颈动脉：转动脖子时，会有一块明显的肌肉从耳旁到胸骨处，即胸锁乳突肌，在这块肌肉内侧，可以明显摸到颈动脉的

每做30次胸外按压，就要做2次口对口的吹气。

每次吹气时，见到患者胸部明显起伏即可。

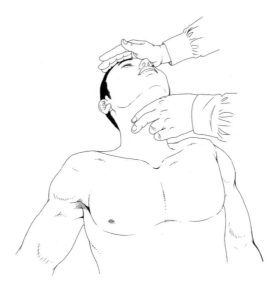

一手食指、中指横放在甲状软骨上，向一侧滑动到胸锁乳突肌前缘，即是颈动脉位置。

搏动），如果有搏动，说明心跳恢复，停止按压，如果没有恢复搏动，继续按压，并在之后的每 5 分钟检查一次脉搏。

在此，我想说的是，国内很多电影、电视剧中的医学急救做法是错误的。比如有的电视剧里面，施救者看到伤者躺在地上，他会先去摸患者手腕部的桡动脉，看其有没有脉搏，这钟做法是错误的。因为，即使桡动脉搏动消失，也并不意味着心跳就停止了。只有通过触摸颈动脉是否搏动来判断心跳是否停止，才是可靠的。

需要注意的是，婴儿发育还不成熟，其心肺复苏与成人有较大差异，在进行心肺复苏时要注意。

判断婴儿意识是否存在，采用刺激婴儿足底的方法。

按压的位置在两乳头连线中点的正下方，通常采用双指按压，将一

判断婴儿是否还有意识，可采用刺激婴儿足底的方法。

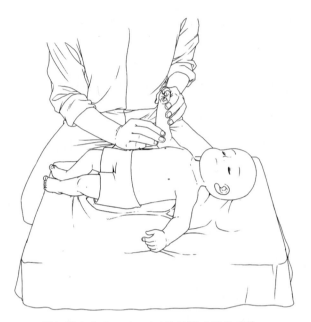

判断婴儿有无心跳，可以触摸婴儿的肱动脉。

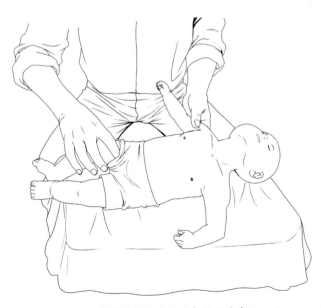

也可以通过触摸婴儿股动脉来判断其有无心跳。

只手的食指和中指并拢，指尖垂直向下按，按压深度为婴儿胸壁厚度的1/3，每分钟 100 ～ 120 次。

另外，婴儿开放气道时，下颌角和耳垂的连线与婴儿仰卧的平面呈30° 即可。吹气时，看到胸廓有起伏就可以了。判断婴儿有无心跳，可触摸股动脉（腹股沟韧带的中间）或肱动脉（平时量血压的位置）。

新生儿心脏骤停的复苏顺序为开放气道、人工呼吸、胸外按压的ABC 顺序。说起来，心肺复苏的内容不少，但我们可以把心肺复苏的重点归纳为"心肺复苏四部曲"：判断——打 120——按压——除颤。

目前，对于绝大部分中国人来说，由于缺少 AED 设备，只能够做到"三部曲"，甚至绝大多数人只能做到"两部曲"。下一个猝死的人，或许就是你、我，或许就是我们的亲人，希望"两部曲"能变成"三部曲"，甚至"四部曲"。时间就是生命，生命在您手中。学会心肺复苏，挽救宝贵生命。

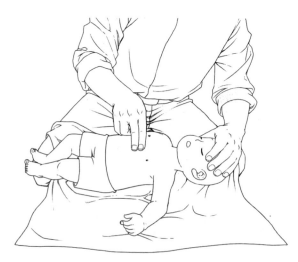

婴儿双指按压的位置在两乳头连线中点的正下方，一只手的食指和中指并拢，指尖垂直向下按。

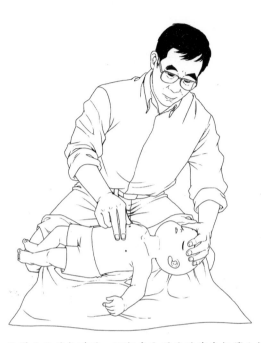

给婴儿开放气道时，下颌角和耳垂的连线与婴儿仰卧的平面呈30°角即可。

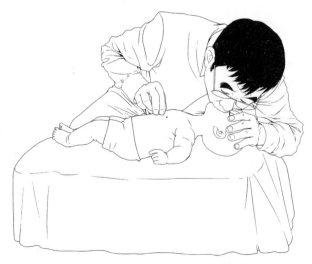

对婴儿进行口对口鼻吹气，看到胸廓起伏即可。

 **@急救医生贾大成暖心提醒**

成人心肺复苏8步走

第1步	评估现场环境的安全性
第2步	判断伤者有无意识和呼吸
第3步	立即拨打急救电话
第4步	将伤者放至复苏体位
第5步	胸外心脏按压（Circulation）
第6步	开放气道（Airway）
第7步	判断有无呼吸
第8步	人工呼吸（口对口吹气）(Breathing)

新生儿心肺复苏

第1步	开放气道（A）
第2步	人工呼吸（口对口鼻吹气）（B）
第3步	胸外按压（C）

一般情况下，成人心肺复苏的顺序为CAB（胸外按压、开放气道、人工呼吸），新生儿心肺复苏的顺序为ABC。

救命神器：AED

2015 年 3 月 21 日，我的好友、北京朝阳医院急诊科副主任唐子人教授在圣地亚哥海洋公园游玩时，遇到一个美国游客突发心跳骤停，倒在离他约 10 米的地方。随后，他一个人坚持胸外心脏按压 10 多分钟，等到 AED 到位后成功将其复苏！海洋公园管理人员非常感激，送了他一顿可以单独观看鲸鱼演出的自助大餐，弥补了他没看成表演的遗憾！

事后，唐子人教授坦言："如果当时没有 AED，我也不一定能把她救活。"这不是谦虚或客套，而是大实话。

2016 年 6 月 29 日 19 时 30 分许，天涯社区副主编金波先生在下班回家途中，于北京地铁 6 号线呼家楼站突然晕倒，现场多名群众自愿对其进行了心肺复苏，地铁工作人员也呼叫了急救车，但 34 岁的金波最终还是未能生还。

金波先生的猝死引起了全社会前所未有的关注，也引发了大家对于 AED 的大讨论。在我国绝大多数地铁站、火车站、机场、飞机上、火车上、体育场馆、酒店、大型商场等人群密集的公共场合，以及警车、消防车上，都没有 AED 的配备，这已经成为备受关注的公共卫生问题。

要想搞清楚 AED 是怎么回事，得先说一说什么是室颤。

室颤，是室性纤维颤动的简称，指心室肌快速而微弱的收缩或不协调的快速乱颤，使得心脏丧失了排血功能，心音、脉搏和血压消失，心、脑等器官和周围组织的血流灌注完全中断了，室颤是导致猝死的致命性心律失常。

心脏骤停后，80％以上在 3 ~ 5 分钟内最常见的心电图节律表现是室颤，而抢救室颤唯一且最有效的方法就是心脏电击除颤。

除颤越早，成功率越高，如能在 1 分钟内完成除颤，成功率可达到 90％，每延误 1 分钟，成功率则下降 10％。可见，能及时完成除颤是救命的关键。

那么，究竟什么是 AED ？它跟除颤有什么关系呢？

AED，即 Automated External Defibrillator 的缩写，就是自动体外除颤器，是一种专门为非医务人员研制的急救设备，体积小、重量轻，便于携带、易于操作、使用安全。

简单地说，使用 AED 可以及时消除室颤，让心脏的窦房结重新开始工作，继而使得心跳恢复。AED 的使用，只需简单培训，即可掌握。其实，学习 AED，比学习心肺复苏的徒手操作更为简单、容易。

那么，AED 如何使用呢？

AED 自带电池，首先按下电源开关键，就会听到语音提示，施救者按照语音提示进行简单操作即可。

第一，按开关键，接通电源，以下均按语音提示操作。

第二，"请按照图示，给患者贴好电极片"。

　　AED操作很简单，第一步要先接通电源，心脏按压要同时
进行，不能停。

　　第三，"请把插头插入插座"。

　　第四，"请不要接触患者，开始自动分析患者心律"。

　　第五，"请不要靠近患者，开始自动充电"。

　　第六，"现在除颤，请按橘黄色放电键"。

　　需要施救者操作的只有第一、第二、第三、第六这四个步骤。有的
AED只需要施救者操作第一、第二、第六这三个步骤。如果是全自动
AED，只需两步操作，第一步是按开关键，第二步是按语音提示贴好电
极片，随即AED自动分析、自动充电、自动放电，患者就有可能起死回
生了。太神奇了！

使用时，AED 会自动分析，如果是正常人的心律或心电图已经呈一直线，也就是说，AED 通过自动分析后"发现"患者不是"室颤"，就不会充电，当然也就无法放电，这对于患者和施救者都是十分安全的。

我最近得到的资料，目前一些国家和地区每 10 万人口安装 AED 的数量：日本 393.7 台，美国 198.9 台，台湾地区 44.5 台，澳洲 44.5 台，英国 25.6 台，德国 17.6 台。

在我的印象中，北京最早拥有 AED 的单位是中美合资的宝洁公司（北京）。我记不清是哪年了，好像是 2000 年前后，他们医务室一位年轻的女医生曾多次请我为他们公司的员工进行 AED 使用的培训。我当时问道："是谁提议配备 AED 的？"她回答："公司老板。"我又问："老板是哪国人？"她说："美国人。"

故宫也曾发生过一位法国老人猝死的事。当时，故宫的工作人员都不会急救，十分尴尬。后来，我应东城区红十字会邀请，到故宫进行急救培训，并建议他们配备 AED。后来，听说故宫也配备了 AED，不知真假。

我还多次为一个航空公司进行急救培训，他们准备给所有的飞机和他们所属的所有机场配备 AED，还曾问我："一个机场配几台合适？"我回答："3 分钟能把 AED 取到病人身边最好。如果钱不是问题，1 分钟能取到 AED 更好。"后来，也再没有消息了，不知他们是否配备了 AED。无论如何，他们起码有了这个意识，这也算是进步吧。

对于国人来说，AED 不仅是急救设备，更是一种新的急救理念！只有在全民普及心肺复苏徒手操作的基础上，大力推广 AED 的安装、使用，才能大幅度提高我国心肺复苏成功率。

为此，《凤凰周刊》的编委、记者部主任邓飞先生联合天涯社区、新浪微博微公益、腾讯志愿者协会等机构，和中国社会福利基金会共同发起和成立了一只叫"心唤醒"的基金。它将以金波的名义，在全国各大城市的地铁、车站、机场、商场等公共场所添置包括 AED 在内的心脏骤停紧急救援设备，建立一个专门服务心脏骤停患者的快速应急体系。同时，倡导和推动对这些场所的工作人员进行定期的专业培训，最终让公共场所配置心脏骤停救援设备和紧急救助体系成为强制性的标准配置。

从 20 世纪 80 年代中期开始，我不遗余力地向全社会传播急救意识和急救理念，普及急救知识和急救技能。在 20 世纪 90 年代末，我又开始大力宣传 AED，推广 AED 安装、使用的工作，但成效甚微。

现在，我有幸成为邓飞先生"心唤醒"基金的联合发起人之一，邓飞先生完成了我多年来一直想去完成而未能完成的事业。希望通过"心唤醒"基金，让更多的人能学会急救和自我急救，在遇到危急状况时，能自助或助人，让更多的人受益。

远离"四大雷区"，永不躺枪

导致猝死的后天因素，大多与不健康的生活方式有关，而不良的生活方式也导致很多慢性病的发生，这些都给猝死带来了很大的"拓展空间"。

·吸烟

吸烟有百害而无一利，是冠心病最重要的危险因素，又是最容易避免的危险因素，也是唯一既害自己又害别人的危险因素。

吸烟，不仅导致肺癌、肺心病等呼吸系统疾病，对于心血管的危害更大，可使冠状动脉痉挛、心率增快，导致心肌缺血；更要命的是，它可直接损害血管的内皮细胞，使血管内皮细胞失去保护，导致脂类在血管壁堆积，促进粥样硬化的形成；血管内膜的损伤还可以使血小板黏附、聚集，导致血栓形成，继而出现急性心肌梗死、脑梗死等。吸烟时间越长、吸烟量越大，高血压、冠心病、脑血管病等的发生率就越高。吸烟的人比不吸烟的人患冠心病的概率要高 2 ~ 10 倍。

我近 30 年的好友、兄长、老师，著名心血管病权威专家胡大一教授在《控烟是减少慢性病所致过早死亡的关键措施》一文中指出："在全球，烟草流行所致死亡占各种原因导致的心血管病死亡的 10%。特别要关注的是，45 岁以下年轻人群中，1/3 以上（35%）的心血管病死亡归于吸烟。在年轻人群心肌梗死发病的危险因素中，影响最大的是吸烟。烟草是心肌梗死和心血管病死亡，包括猝死年轻化的第一危险因素。在中国，对于不吸烟的人群，尤其是女性，二手烟会显著增加心血管病的危险。只要在公共场合减少二手烟暴露，一年就可看到急性心肌梗死的发生率明显下降（减少 30% ~ 40%）。"

胡大一教授还指出："吸烟，包括二手烟是所有慢性病的危险因素。控烟到位，所有慢性病控制会共同获益；没有真正地控烟，健康中国梦不可能实现。"

通常，其他众多的危险因素基本只能害自己，害不了别人，而吸烟不仅害自己，也害别人。拒绝二手烟，是降低吸烟率的有效手段。

·饮食不健康

如高油、高盐、高糖饮食，经常酗酒。高油、高盐、高糖都是不合理的饮食结构，这些都会促进动脉硬化的形成，是高血压、冠心病、脑血管病、糖尿病的重要危险因素。这个问题，已经逐渐被大家认可了。而酗酒会导致酒精摄入过量，易使人情绪激动、心率增快、血压升高等，不仅可能导致急性酒精中毒、急性胃黏膜损伤，还可诱发急性胰腺炎、心绞痛、急性心肌梗死、血压激增、脑出血、急性肝功能衰竭、猝死等。

·缺乏运动

早在 2400 多年前，被尊为"医学之父"的古希腊著名医生希波克拉底就曾告诉人们："阳光、空气、水和运动是生命和健康的源泉。"而事实也早已证明，缺乏运动的人，高血压、冠心病、脑血管病、糖尿病、肥胖症等发病率都会增高。还有研究表明，一旦发生了动脉硬化，目前的医学几乎不能使其逆转，唯有适量运动可以使动脉硬化发生逆转。再有，我也曾多次抢救过肺梗死的患者，他们多数人与久坐不动有关。

久坐不动，会影响静脉回流，为血栓的形成创造条件，从而导致下肢静脉血栓形成；血栓一旦脱落，便可随血流到肺动脉，导致肺梗死，同样可能引发猝死。

所以，我建议，长时间在电脑前工作，以及其他长时间坐着工作的人，每隔40～50分钟，最多不超过1小时，就站起来活动活动全身，比如做做上下肢、头颈部、腰部的伸屈、绕环运动，下蹲运动等，最好能做做工间操。如果实在太忙，也可以坐在椅子上边工作边活动，比如先脚趾着地、提起足跟，再立即足跟着地、抬起脚掌，如此反复交替进行，可以让小腿肚的肌肉得到活动，有利于下肢的静脉血液回流，从而避免和减少下肢静脉血栓形成，预防肺梗死的发生。另外，还可以坐在椅子上活动上肢与头颈部，伸伸懒腰，双手轻轻揉搓面部、双眼，以减轻疲劳。

·长期熬夜

熬夜熬的不是夜，是命。人要顺应人体的生物钟。医学证明，长期熬夜、睡眠不足与19种疾病的发生有关，可使癌症、肥胖、老年性痴呆、帕金森病、神经衰弱、记忆力减退、免疫力下降、胃肠功能紊乱、糖尿病、高血压、冠心病、脑血管病、猝死等发生率升高。事实已经证明，有不少年轻人长期熬夜、长时间连续上网、严重超时工作，最终导致了猝死的悲剧发生。

这里要说一种特殊情况，就是熬夜看球，每逢重大赛事，常常有球迷猝死，发生率虽然不算高，但在这里也提醒大家，在举行世界杯、欧洲杯等重大赛事期间，猝死率会出现一个高峰。

记得有一天晚上，我们奉命去抢救一个患者，不到 10 分钟就赶到了现场，一位 50 多岁的患者趴在地上，意识丧失、面色口唇青紫、双侧瞳孔散大、角膜已经失去光泽，心跳、呼吸已然停止，我们马上对患者进行心电监护，仪器上显示图形已是一条直线，电视机还开着，播放着激烈的足球比赛。这是个四口之家，我们一边抢救，一边追问病史。家属答道："大概在 20 多分钟前，他一边儿看球赛，一边儿大喊大叫，特激动，我们说他：'你小点儿声，嚷什么呀？'他也不听。一会儿又喊了一声：'好球，进啦！'紧接着就一头栽到地上了，怎么叫他也不吭声儿了，脸也紫了，也不喘气儿了。我们一看都吓坏了，半天才愣过神儿来，这才想起赶紧打 120。"显然，这个患者心跳、呼吸停止的时间已然超过了 20 分钟，也就是说已经脑死亡了，我们坚持抢救了 30 多分钟，患者始终没有任何反应，最终没能挽救成功。

当然，已知的危险因素远不止这些。现代社会，人们生活压力大，我们要倡导健康、科学的生活方式，合理膳食、适量运动、戒烟限酒、心理平衡，让猝死的隐形杀手离我们越来越远。

@急救医生贾大成暖心提醒

远离猝死，从生活点滴做起

戒烟	吸烟的人比不吸烟的人患冠心病的概率要高2～10倍。烟草是心肌梗死和心血管病死亡，包括猝死年轻化的第一危险因素
健康饮食	远离"三高饮食"——高油、高盐、高糖饮食，避免酗酒
适量运动	适量运动可以使动脉硬化发生逆转，预防心脑血管病，减少猝死发生率
作息规律，少熬夜	长期熬夜、睡眠不足与"三高症"、猝死等19 种疾病的发生有关，熬夜熬的不是夜，是命

我总结出关于"猝死的5个80％"，供大家参考。

1.80% 以上的猝死是由冠心病导致的。

2.80% 以上的猝死发生在医院以外的各种场合。

3.80% 以上的猝死是心跳先停，呼吸后停。

4.80% 以上的猝死的初始心律是室颤。

5.80% 以上的猝死是用除颤器 AED 抢救成功的。

希望80% 以上的中国人学会心肺复苏的徒手操作和 AED 的使用，远离猝死的威胁。

第二章

CHAPTER TWO

急性心梗：
和时间赛跑的急症

世界上，平均每秒钟就有1人死于急性心梗

很多人觉得癌症可怕，谈起癌症来，吓得脸发白，简直"谈癌色变"。殊不知，急性心肌梗死（简称"急性心梗"）比癌症可怕多了。虽然目前癌症还属于"绝症"，但就算是癌症晚期的患者，在确诊之后也不会立刻就死，大部分患者都能活上一段时间。而一个人一旦发生急性心梗，如果没有得到及时救治，随时就可危及生命，特别紧急的情况下，会即刻丧命。很多人都来不及交代后事，甚至有的人都还没反应过来自己是发生了什么事，就永远地离开了人世，给自己和亲人留下永远的遗憾。

在我们的急救医学中，有的病属于急病，有的病属于重病，而急性心梗则属于"又急又重"的凶险急症。我在北京市急救中心工作了近30年，经历了成千上万起抢救，最常见、最凶险的就是急性心梗，这是一个和时间赛跑的病，1分钟也等不起，输给了时间，就输掉了性命。

有人做过统计，每100个猝死的人里面，有80～90个是由于急性心梗引起的。通常，90%的急性心梗引起的猝死都发生在医院以外的场合，而且大多数患者都是在发病后15分钟之内死亡的，有的人甚至发病

后立即死亡。

曾经有一个女孩深夜打急救电话向我们求救，说她父亲倒在地上，不省人事。我们迅速赶往她家，遗憾的是，等我们到了，她父亲的身体已经发凉，我们也回天乏术，只能告知女孩说她父亲已经死亡。其实，从女孩发现父亲发病到我们赶到，还不到半小时，但她不知道如何进行心肺复苏，如何急救，最终她父亲没能挺过来。后来，根据她描述的她父亲的病情，我们判断在这短短的时间里，夺走她父亲生命的魔鬼，正是急性心梗。

2014 年 8 月 8 日，国家心血管病中心正式发布的《中国心血管病报告 2013》显示：心血管病死亡居城乡居民总死亡原因的首位，农村为 38.7%，城市为 41.1%；每 5 个成人中有 1 人患心血管病，且患病率处于持续上升阶段，每年约 350 万人死于心血管病，也就是每天 9590 人、每小时 400 人、每 10 秒钟 1 人死于心血管病。到了 2016 年 5 月 11 日，国家心血管病中心正式发布了《中国心血管病报告 2015》，内容显示：2014 年，中国心血管病死亡率仍居疾病死亡构成的首位，高于肿瘤及其他疾病；其中，农村心血管病死亡率从 2009 年起超过并持续高于城市水平；心血管病占居民疾病死亡构成中，农村为 44.60%，城市为 42.51%；全国每 5 个死亡人口中，就有 2 个是死于心脑血管，脑血管病已成为中国男性和女性的首位死因。

在心脑血管病当中，尤其要重点说一下冠心病。

冠状动脉粥样硬化性心脏病简称"冠心病"，亦称缺血性心脏病，是指冠状动脉发生粥样硬化，使得血管管壁增厚、变硬，管腔狭窄或阻塞，导致心肌缺血、缺氧或坏死，已经对当代人类的生命和健康构成了空前的威胁。

急性心梗是冠心病中最严重的类型，是在冠状动脉硬化的基础上发生了冠状动脉血流突然中断（绝大多数为冠状动脉内血栓形成），造成相应的心肌持久而严重地缺血，继而坏死。它已经成为中老年常见的致命性急症，是猝死的主要原因。统计表明，世界上，平均每秒钟就有 1 个人死于心梗。

因此，冠心病患者平时一定要格外注意，警惕急性心梗的发生，降低猝死的风险。

心梗虽可怕，抢救得当预后良好

说了半天心梗了，各位读者可能很好奇：这个"心梗"到底是何方神圣？它又是怎么形成的呢？

对人体而言，心脏像是维持血液循环的一个"泵"，这个"泵"会把心脏中的血液输送到全身各个器官去，供给它们功能、活动所需的氧气与养分。反过来，心脏的跳动也需要血液提供氧气与养分，而为心脏供血的血管，就是我们常说的"冠状动脉"。

一个健康的年轻人，他体内的血管应该很柔软，弹性好，管壁薄，管腔大，内表面光滑，这样才可以保证充足的血液畅快地通过，从而使得血液能到达身体的各个组织器官，才能进行各种正常的生命活动。如果血液里的胆固醇逐渐沉积在血管壁上，血管就会逐渐增厚、变硬、扭曲，管腔变窄，甚至发生堵塞，当这一根根"管子"出现问题的时候，我们就称之为"动脉硬化"了，这时血液供应就会减少，组织器官的供血就会出现障碍，人就生病了。

动脉硬化可以发生在人体所有的动脉上：发生在脑动脉叫脑动脉硬

化，发生在肾动脉叫肾动脉硬化，如果发生在冠状动脉，就是我们说的冠状动脉硬化，也就是冠心病。

冠心病的全名叫冠状动脉粥样硬化性心脏病，那"硬化"前面的"粥样"这两个字又是什么意思呢？其实，"粥样"这个名称源自病理解剖学，如果读者能有机会看到切开的已经硬化的冠状动脉，一定会印象深刻：血管壁上附着一粒粒像大米粥一样灰白色的东西，用手按一按，都是硬的。这些硬乎乎的"大米粥"糊在冠状动脉里，会导致供给心脏的血流减少，如果在冠状动脉的基础上又发生了血栓，血管完全堵死了，血流完全不能通过，心肌发生严重、持久的缺血、缺氧，继而坏死，这就是心肌梗死。一旦心肌死了，心脏的功能就会出现严重障碍，人就有生命危险了。

动脉里的"大米粥"又是哪儿来的呢？在改革开放以前，我国冠心病的发生率是很低的，在那个粮食都要凭票供应的年代，冠心病被戏称为"富贵病"，即"有钱人才能得的病"。现在人们的生活条件好了，饭桌上顿顿都是大鱼大肉，有的人甚至天天下馆子，胡吃海喝，每天吃进去大量的高能量、高脂肪、高胆固醇食物，加上其他不良的生活习惯，结果动脉里逐渐就出现了"大米粥"样的东西，身体也就出现了各种各样的疾病，冠心病就是其中之一，这样，急性心梗的发病率也跟着水涨船高了。

我在北京急救中心工作了近30年，每周都要遇到急性心梗的患者，最多的一天抢救了4个这样的患者。在我抢救过的无数患者中，年龄最小的是一个23岁的小伙子。

那还是20世纪80年代中期的事。当时，那个小伙子突然发生胸痛，心电图显示出典型的急性心梗图形时，我还真有点儿不敢完全相信，心想，这么年轻怎么会是急性心梗？后来经过现场抢救后病情稳定，我又把他送到北京同仁医院，接诊的医生也拿不准到底是不是急性心梗。回到急救站后，我又给医院打电话了解病情，最终证实他就是急性心梗。后来，经过医院的全力抢救，患者转危为安，平安出院。

有人说，既然急性心梗这么可怕，那发病前就老老实实地上医院待着吧，这样有问题随时可以抢救。如果可以这样做当然好了，但急性心梗可怕就可怕在它的发作往往是不可预测的，防不胜防，不分男女老少，随时随地都可能发作，尤其经常发生在夜里，而此时正是大家防范力和警觉性最薄弱的时候。

不过，虽然听起来很可怕，但急性心梗并不等同于死亡，及时的急救恰恰能起到关键作用，危急时刻拥有一点急救知识，结果就有可能完全不同。但这就对急救有较高的要求，不能只会打120，在这种关键时刻，患者的家属、朋友或者周围的人如果能尽快进行急救，帮一把，转危为安的概率就大大增加了。

胸痛：急性心梗最典型的警示信号！

　　既然急性心梗很可怕，那能不能通过什么症状来分辨呢？事实上，不少患者在发病之前从来没有过征兆，平时看起来就是一个健康人，而这样的人发病更危险，因为一点准备都没有，就好比前面说到的那个女孩的父亲，之前从来没有发过病，家里连个心脏病的常备药都没有。据统计，有 1/4 的冠心病患者第一次发病就发生猝死，这对所有人来说，都是致命的威胁，尤其是给医疗救治带来了巨大的挑战。

　　说到这儿，很多人心里肯定犯嘀咕了："我会不会也有心脏病啊？会不会哪天也突然心梗了呀？"下面，我给大家讲一讲，哪些情况是心脏在给大家发出警告，特别是急性心梗的警示信号，大家一定要多留意，一旦发现以下这些危险信号，要及时找医生求助。

　　患者突然感到心前区或胸骨后疼痛，疼痛可向肩、臂及背部放射，可伴有胸闷、憋气，疼痛性质为绞窄感、压迫感、紧缩感、窒息感或烧灼样的疼痛，还可伴有恐惧感或濒死感。

　　持续时间比心绞痛长，超过 30 分钟，可达数小时，甚至数日。

经过休息或含服硝酸甘油无明显缓解。

患者还常伴有烦躁不安、口唇青紫、出汗、恶心、呕吐等。严重的患者可出现明显心率增快或减慢、突发呼吸困难、不能平卧、血压下降、四肢湿冷、皮肤花斑，甚至猝死的表现。

以上典型表现，如果发生在医院，急性心梗很容易诊断，医院有各种先进的仪器和检查手段，比如心电图、心肌酶、冠状动脉造影、心肌核素检测等。但如果急性心梗发生在家里或其他地方，既没有医生在旁边，也没有这些仪器（即便有一般人也不会用），最多能找到一个血压计，这时候，如果犯病了，凭什么来判断是不是急性心梗呢？

只能靠患者本身的症状。患者的自我感觉很重要，而其中急性心梗最典型的症状就是前面提到的胸痛。

胸痛部位的描述有两个，一个是心前区，一个是胸骨后。人的心脏大小约相当于本人拳头大小，位于胸腔正中偏左，大约有 2/3 在胸部左侧，就是"心前区"的部位；1/3 在胸部右侧，这部分恰恰是在"胸骨后"。

人类感觉最疼痛的病有以下几个：一个是结石，如胆结石、肾结石等；一个是急性胰腺炎；还有一个是癌症，比如肝癌，非常疼，比肝癌还疼的，是"癌中之王"的胰腺癌，剧烈的疼痛让人生不如死。当然，还有一个疼痛指数较高的，不是病，是女性的一种生理现象——生孩子。而急性心梗也是疼痛指数很高的一个病，我曾见过一个急性心梗患者，发病时疼得烦躁不安、大汗淋漓，两三个人都按不住他，嘴唇青紫，最后连指甲盖都是紫色的，手上甚至出现紫色的斑纹。当时，我立刻给他注射了安定（地西泮），他才稍微安静下来，这样才能降低他心肌的耗氧量，降低危险性。

说到这儿，有人可能要问了，急性心梗患者为什么会胸痛呢？

心脏对于机械系刺激并不产生疼痛反应，比如用尖刀扎在心脏上，心脏本身并不感到疼痛，但心脏对缺氧非常敏感，当心肌发生缺氧时，就会处于无氧代谢状态，产生大量的酸性物质，如乳酸、丙酮酸等，心肌对于酸性物质的刺激非常敏感，就会产生疼痛感。

但是，导致胸痛的原因有很多，并非都是急性心梗。

我们急救中心有一位司机，姓段，后来调到某报社工作。一天上午，小段来到急救中心找我。他面色苍白，捂着胸口说："贾大夫，我胸疼、胸闷、憋气。"他本来就是个爱开玩笑的人，我还以为他在跟我开玩笑，胸疼可以假装，但面色苍白装不出来。

我看他面色苍白，真的很难受的样子，连忙扶他躺在长椅上，让护士给他做了个心电图，不得了啦！是个典型的"急性下壁心梗"的心电图图形。我用听诊器听诊时，发现右侧呼吸音减弱，我又叩了叩两侧胸壁，右侧呈鼓音，而且右侧语颤减弱。我对小段说："你深吸气试试。"他说："一吸气就疼得厉害。"我又说："你咳嗽一下。"他试着咳嗽了一下说："不成，咳嗽疼也加重。"

我说："你不是心梗，起来去拍个胸片。"

一会儿，他拿着胸片回来了："贾大夫，气胸。"

我笑道："你才气胸呢。"

接过片子一看，果然如我所料：气胸。

他又问我："那怎么办？"

我说："你这个肺压缩不到30%，可以不作处理。"

我问小段："今天上午都干什么来着？"

他说："没干什么呀……哦，我想起来了，我就是关汽车门儿的时候用劲儿大了点儿。"

对，这可能就是原因。过了些日子，再见到小段，他已经完全好了。

什么是气胸？正常人的胸腔是密闭的腔隙，内呈负压。如果有气体进入胸腔内，相应的肺组织就会被压缩，导致肺组织不能像正常情况那样完全扩张。经过X线检查，如果肺压缩不超过30%，没有其他严重的症状，问题不大，不用进行特殊处理，休息一段时间就没事了。

这个病例是原发性气胸，又称特发性气胸。

那如何通过胸痛来区分急性心梗和气胸呢？

一般情况下，胸痛起病非常急，迅速达到高峰，还伴有憋气，一咳嗽或深呼吸会加重，持续时间较短，且疼痛多为一侧，敲两侧的肺部，叩诊音听起来不一样，这种情况多是气胸，一般青壮年多见，特别是男性瘦高者；而如果是急性心梗引起的胸痛，程度就更剧烈了，常常见于40岁以上的人。

所以说，胸痛，不一定是急性心梗，即使心电图是典型的急性心梗图形，也不一定就是急性心梗。遇到这种情况，患者要相信医生，医生会综合分析的。

疼痛，是一种痛苦的体验，同时也是一种警示信号。急性心梗引起胸痛也是一样的道理，这样我们才能觉察出身体出了问题，才会及时拨打急救电话，尽快到医院就医，从而避免悲剧的发生。

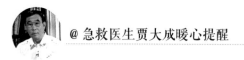 @急救医生贾大成暖心提醒

心梗与气胸的简单鉴别

心梗	气胸
胸痛常在胸骨后或心前区，可向左上臂、背部、肩部等放射，常伴有胸闷、憋气等	胸痛起病急，迅速达到高峰，伴有憋气，咳嗽或深呼吸加重疼痛
常常见于 40 岁以上的人	一般青壮年多见，特别是男性瘦高者

找出不典型症状，离心梗又远了一步

急性心梗出现典型表现，一般不会被漏掉，而不典型症状，很容易和其他疾病混淆，往往不会引起大家足够的重视，甚至没有想到拨打急救电话，也没有及时到医院就医。这样，往往会使病情恶化，甚至危及生命。

具有不典型表现的急性心梗比具有典型表现的更可怕。

·嗓子痛

前些年，有一天晚上的 11 点多，我们奉命前往位于海淀清河的解放军二炮部队的某研究所，抢救一个患者。患者是一个 50 岁的研究员，感觉嗓子痛，就给卫生所所长打了个电话。

所长说："你在家等着吧，我马上去你家。"

于是，卫生所所长到了他家。测量了体温，不发烧，嗓子也不红不肿，但患者就是一直嗓子痛。所长很纳闷，不知道问题出在哪儿。过了一会儿，他脑中突然闪过一个念头：会不会是不典型表现的心脏病啊？于是，他打了个急救电话 120，把我们给叫了过去。

我们给患者做了心电图，果然是"急性前壁心肌梗死"，经过紧急处理以后，患者要求去北京急救中心。这两位的顶头上司——研究所所长听说自己的部下得了"急性心肌梗死"，也连忙赶了过来，并一口答应："不就是费用的问题嘛，给你报销，赶紧去急救中心吧。"于是，把患者送到了北京急救中心，患者接受了介入性治疗。

患者出院那天，特意找到我，表示感谢："谢谢你救了我一命！"

我说："要谢，您别谢我，您回去好好谢谢您那儿的卫生所所长，那天晚上他要是说'谁没嗓子疼过呀？大晚上的，明儿早上再说吧'，也许您等不到第二天早上就凉了。他要是说'你这嗓子疼，虽然不红不肿，也不发烧。可嗓子疼毕竟还是发炎的多，给你开点儿消炎药，再给你开点儿含片'，没准儿您也等不到第二天早上就凉了。卫生所所长能从嗓子疼联想到心梗很厉害，这可不是单纯的消炎就能解决的。"

这位研究员也笑了，说："你说的对，那我也必须感谢你！"我说："那您还得感谢你们研究所所长呢，要不然他不给您报销医药费。"研究员哈哈大笑。看着他开心地大笑，我还真是从心眼儿里感到高兴。

一般来说，导致嗓子痛最常见的原因是嗓子发炎，很多是由感冒引起的。如果是发炎的话，开始时嗓子会发干，像烧一样，喉咙会肿起来，疼痛还会放射到耳朵的位置，严重的话还可出现发热、头痛、四肢酸痛等症状。

但在发炎的情况下，嗓子突然出现疼痛，尤其伴有心慌、胸闷憋气、出汗等表现，应该想到很有可能是急性心梗的不典型表现，特别是如果患者再有高血压、冠心病、糖尿病等病史，这个时候就得赶紧拨打120，去医院就诊。

还有一次，也是这种不典型的表现，让我差点儿卷入一场麻烦。

·上腹痛

有一天，我们出车，派车单上写的是"上腹痛"。我心想：这个患者不会是上腹痛，就算是消化道穿孔，也不会马上死人。所以，肯定不是一般的肚子疼。

到了患者家一看，一个40多岁的男人侧卧在沙发上，已经意识模糊、表情淡漠、有些躁动、脸色苍白、嘴唇青紫、恶心呕吐，衣服全被汗水湿透了。我问他怎么不好，他没有反应，我又轻轻地拍了拍他的肩膀问他，他才半睁开眼，有气无力地说出了我勉强能听清的两个字："胃疼。"

当时，站在患者身边的还有一女三男，女的是患者的妻子，其中一个20岁左右的小伙子是患者的儿子，另两个三四十岁的人不知是谁。

我忙问家属："患者怎么不好？"

那女的一脸焦急地答道："他胃疼，疼了一个多钟头了，疼得特别厉害，您看他疼得脸都白了，都上不来气儿了，出了一身汗，衣服都湿透了。"

我摸了摸患者的腹部，很柔软。又用手按了按腹部，疼痛没有加重，也没有减轻，结合患者的整个表现，应该是心脏的问题。"赶紧做个心电图！"我交代随车的护士。

听到我说要做心电图，小伙子一下就不乐意了："胃疼做什么心电图？赶紧上医院！"

"我怀疑他不是胃的问题，怕是心脏的问题。"

"什么心脏的问题？你们不就是为了多收钱吗？过度检查！少废话，赶紧上医院！"小伙子长得高高大大，双手抱胸，有些横眉立目，认定了我们是为了多收费，故意过度检查。

我对那个小伙子说："小伙子，你别这么说，我还真不是为了收钱。我看他不像是胃疼，像是心脏的问题。心电图一定要做，如果有问题，该怎么处理就怎么处理。如果不是心脏的问题，心电图的钱我不收！出诊费和救护车的车费，我都不收。"

小伙子一愣神儿，我连忙催促不知所措的护士："赶紧做！"趁护士安放心电图电极时，我连忙测量血压，隐隐约约听到 20/0 毫米汞柱左右，脉搏每分钟大约 30 次。我小声跟护士说："下壁，三度。"护士就明白了。心电图做出来后，果然显示的是：急性下壁心肌梗死和三度房室传导阻滞。我又马上对护士说："加做后壁、右室。"因为急性下壁心肌梗死往往合并后壁、右心室心肌梗死。心电图的结果再次证实了患者是大范围的心肌坏死。心电图还显示了三度房室传导阻滞，心率每分钟 28 次，这是致命性心律失常。

这个患者的完整诊断是这样的：

冠心病

　急性下壁、后壁、右室心肌梗死

　　心律失常

　　　三度房室传导阻滞

　　心源性休克

我马上随手给患者吸上氧气，连接心电监护仪，同时口述医嘱："建立三条静脉通道，低分子右旋糖酐 500 毫升，静滴；氯化钠 500 毫升加入多巴胺 100 毫克，静滴；氯化钠 500 毫升加入异丙肾上腺素 1 毫克，静滴；吗啡5毫克静注。"

这位患者发生了休克，主要是因为：一、大范围心肌坏死，心肌收缩力下降，致使心排血量减少；二、大量出汗，减少了血容量；三、三度房室传导阻滞使得心排血量减少；四、剧烈的疼痛，使血管反射性扩张。

低分子右旋糖酐可以补充血容量，多巴胺可以提升血压，异丙肾上腺素可以提高心率，吗啡可以止痛、镇静。这套抢救方案是抗休克的手段，就看患者对抢救药物的反应如何了，如果有反应则可能挽回一命，严密监控病情发展趋向，随时调整用药。谋事在人，成事在天。

随即，我又把家属叫到一旁："幸亏做了心电图。患者随时有生命危险，心源性休克即便经全力抢救，死亡率也在85%以上，再加上三度房室传导阻滞，这个患者凶多吉少，希望不大。"

我如实地向家属交代了病情，几个人听罢，脸上都露出了惊恐、茫然的表情。患者的儿子突然跪倒在地，带着哭腔说："大夫，救救我爸。对不起您，刚才是我不对。"他母亲也说："孩子不懂事，您别跟他一般见识。"

我哪里有时间听他们这些，我说："赶快起来，我们会全力抢救，但你们要做好最坏的思想准备。"过了5分多钟，我见患者没有了躁动，便拍着他的肩膀问道："您这会儿感觉怎么样？"

他闭着眼答道："不疼了。"

就这样，我们一直持续心电监护，不断地测量血压，根据心率、血压的变化随时调整药物的滴速……半小时后，经过我们全力的抢救，患者的精神状态有所改善，心率恢复到每分钟60次左右，血压100/80毫米汞柱，基本在比较满意的范围。于是，我决定马上送患者去医院，家属提出去北京急救中心。到了北京急救中心，立即让患者进入心脏导管室，做了冠状动脉造影，并在堵塞的冠状动脉里放置了支架。过了几天，这个患者安全出院，皆大欢喜。

我曾在微博上对这个病例做过介绍，有一位年轻的医生留言："你吹什么牛？心电图还没做，你就知道是下壁心梗？"显然，这个医生太嫩，没有这方面的经验。我回道："只有下壁心梗才最可能出现上腹痛，只有下壁才最可能出现三度房室传导阻滞。测量血压时，听到脉搏每分钟30次左右，就应想到是致命性缓慢型心律失常——严重房室传导阻滞。所以，心电图还没做，我就知道是急性下壁心梗了。"这样的判断能力不是吹牛，能做出这样的判断的厉害的医生，我们北京急救中心还真不少，我只是这个优秀群体中普通的一员而已。

引起上腹痛的原因很多，比如胃、十二指肠、肝、胆、胰等脏器的问题，但也可能遇到由于心脏问题而引起的上腹痛。因此，老年人出现腹痛时，特别是有心脏病史的人，尤其上腹痛还伴有胸闷憋气、心慌、出汗、口唇青紫，疼痛部位没有压痛等，就必须考虑心脏疾患的可能，需及时进行心电图检查，以免漏诊。

· 牙痛

像病情极其危重的患者，如果发生了猝死，还比较容易让人接受，但牙痛这样的小事也可能和急性心梗猝死有关，甚至拔牙拔死人。这样的事您听说过吗？

口腔科死人，大概只有两种情况，一个是口腔科的癌症，癌症也不会突然死亡；一个是颌面部受伤，又分两种情况，一个是大出血，血液误入气道造成窒息死亡，另一个是上颌骨骨折，骨折段下移压迫咽部或气道造成窒息死亡。

如果说拔牙当时人就死了，那绝不是牙病，而是急性心梗！患者说不清楚具体是哪颗牙齿疼痛，也不红不肿，没有牙齿的叩痛等，如果再伴有胸闷、憋气、心前区不适、心慌、出汗、面色改变等，就该想到是否发生了急性心梗。

口腔科在诊疗过程中，患者由于精神紧张、药物的不良反应、治疗操作的刺激等诱因，有时可能会突然发生一些意想不到的急症，甚至危及生命。因此，在治疗某些口腔科疾病以前，应该根据患者的年龄、病情、心理状态、既往病史等具体情况，进行必要的体格检查，如血压测量、心电图检查等，并采取有效的防范措施，避免或减少意外事件的突然发生。

为此，我曾多次应北京口腔工作者协会和国家医学教育发展中心的邀请，为北京和全国各地的口腔科医生举办过"口腔科诊疗中突发内科急症的处理"的讲座，并建议口腔科开展心电监护下拔牙等治疗项目。

位于先农坛的北京口腔医院听从了我的建议，很早就开展了心电监护下拔牙等治疗，那些有高血压、冠心病的高危患者可以预约心电监护下拔牙。我推荐了我们北京急救中心一位有丰富抢救经验的退休医生在北京口腔医院做这项工作，他已经使多名突发意外情况的患者转危为安。

·其他不典型症状

急性心梗的非典型症状还有很多，下面这些表现都可以作为急性心肌梗死的表现出现，应该高度警惕：无胸痛或仅仅自我感觉胸闷、心慌、心前区不适；无胸痛而表现为上腹痛，并可伴恶心、呕吐等，容易误诊为急腹症；无胸痛而表现为颌部、颈部、咽部、牙齿、肩部、背部、上肢等部位疼痛，很容易误诊为骨、关节或软组织等局部病变；不明原因的晕厥、心力衰竭、休克等，都应该想到急性心梗发生的可能。

北京阜外医院原心内科主任陈在嘉教授曾报道，十分罕见的头、双下肢、足趾等部位疼痛，也是急性心梗不典型的表现，这很难让人与心脏病联系在一起。当然，如果伴有胸闷憋气、心慌、出汗等症状，还是能提示我们应该考虑急性心梗发生的可能的。总之，熟悉急性心梗的表现，尤其不典型的表现，对于及时识别急性心梗是至关重要的。只有及时识别急性心梗，才能减少延误，甚至可以减少猝死的发生。不典型的表现，由于不容易引起人们的足够重视，所以显得更加危险。

急性心梗不出现胸痛，主要有三种人：一部分高龄的老人、一部分女性、一部分患有糖尿病的患者。这三种人的痛感比一般人弱，危险性更大。而不出现胸痛，也是最危险的。所以，平时这三种人及其家属都要格外留意。一旦出现任何其他的不适症状，尤其是高龄老人、糖尿病患者，要尽快停止任何体力活动，躺下休息，平息自己的情绪；此时，家属要观察患者病情的变化，如果发现病情不减反增，赶紧拨打120，并立即进行现场救护，绝不能让患者硬扛着。而对女性而言，通常超过一半的人不会出现胸痛，但是更容易出现不明原因的胃痛、牙痛、消化不良、嗓子痛、肩臂痛等症状，这些症状持续时间较短，只有几分钟。一旦遇到这些情况，女性就要格外警惕了，尤其是伴有高血压、糖尿病及心梗家族史的女性，要想到急性心梗的可能性，尽快去医院进行诊治。

 @急救医生贾大成暖心提醒

不要忽略这些心梗的不典型症状

嗓子痛	嗓子未发炎的情况下，突然出现疼痛，尤其伴有心慌、胸闷憋气、出汗等表现，特别是有高血压、冠心病、糖尿病等病史的人
上腹痛	疼痛剧烈，腹部摸上去很柔软，用手按压，疼痛没有加重或减轻，同时还伴有胸闷憋气、心慌、出汗、口唇青紫等，尤其是有心脏病史的人
牙痛	患者说不清楚哪颗牙齿疼痛，也不红不肿，没有牙齿叩痛等，伴有胸闷憋气、心前区不适、心慌、出汗、面色改变等
其他症状	无胸痛，而表现为上腹痛，并伴恶心、呕吐等； 或表现为颌部、颈部、咽部、牙齿、肩部、背部、上肢等部位疼痛； 不明原因的晕厥、心力衰竭、休克等

急救车到来前，做好这四步，为生命争取时间

如果碰到急性心梗或怀疑急性心梗的患者，在急救医生到来之前，应该这么救：

·第一，让患者安静休息，避免刺激

如果患者在运动时发生胸痛，那就立刻让他停止运动。如果患者情绪激动，那一定要尽力让他恢复平静。电视剧里常常有这样的场景，老父亲被孩子气得不行，突然捂住胸部。这不是虚构的场景，因为心脏病发作很多时候跟情绪有关。这个时候，就算有天大的矛盾，也不要再气对方了，一句"都是我不对，您别生气"，就让老爷子的情绪平静下来了。

·第二，为患者选择一个舒服的体位

怎样算是舒服的体位？以患者的感觉为准，可以躺下，也可以坐着。

如果患者发生了呼吸困难，可能是发生了急性左心衰，应帮助患者取坐位，双下肢下垂，体位要尽量舒适，这样可以减少腹腔脏器对肺部的压迫，使肺通气量不至于进一步减少，更重要的是由于重力的作用，可以减少向心脏回流的血量，从而降低心脏负荷。

如果患者血压下降了，甚至休克了，那就必须让他躺平，甚至撤掉枕头，并注意保暖，还要防止因呕吐导致的窒息。

如果急性左心衰与休克同时发生，那可就太难办了。躺平，会使呼吸困难加重；坐起来会使脑供血更加减少，甚至意识丧失。只能让患者取半卧位，根据情况调整角度，反正怎么待着都难受。

·第三，给患者吸氧、吃药

家里如果备有氧气瓶，赶快让患者吸氧，每分钟 3 ~ 5 升，具有抢救与心理安慰的双重作用，可增加心肌的氧供，以减轻症状。没氧气就直接找药。在此提醒大家，尤其是有老年人的家庭，在家常备一些急救药，比如硝酸甘油、阿司匹林等，关键时刻能帮大忙。

硝酸甘油是很多心脏病患者的常备药，放 1 片（0.5 毫克）在患者舌头下面，1 ~ 3 分钟起效，10 分钟后可重复使用，但最多用 3 片。

值得注意的是，在用硝酸甘油之前，有条件的最好能给患者量个血压，因为急性心梗患者往往伴随着低血压，甚至休克，这时候再用硝酸甘油，会使血压进一步下降，可能危及生命，在使用的过程中要注意不能使血压低于安全范围。具体来说，如果患者平常的血压是 120 毫米汞柱，发病时是 140 毫米汞柱，大胆用硝酸甘油没关系。但如果平常血压是 120 毫米汞柱，发病时血压却只有 100 毫米汞柱，那就别用硝酸甘油了，非但不能治病，反而会加重病情。服药后，患者如果感觉头晕、心慌、面色苍白，应该测量血压，如果血压低了，马上停药，平卧。

另外，除了血压偏低以外，心率过快或过慢、急性下壁心梗、急性右室心梗以及 24 ~ 48 小时内服用过"伟哥"的患者禁用硝酸甘油。

提醒一下，硝酸甘油应该避光、密封保存，随身携带，但不要"贴身"

携带，因为体温对它有影响，会降低它的效果，缩短它的有效期。

经上述处理后，如果患者胸痛很快得到缓解，一般应考虑为"心绞痛"；如不缓解，甚至加重，应考虑是否发生了急性心梗。如果高度怀疑是急性心梗，则不宜含服硝酸甘油，硝酸甘油对于急性心肌梗死没有治疗作用，甚至在某些情况下会加重病情。这时候，可根据具体情况选用阿司匹林 100 ~ 300 毫克嚼服，这个药有抗凝作用，可以防止血栓扩大，防止新的血栓形成，限制心肌坏死的范围。有时也要考虑冠心病以外的以胸痛为表现的其他疾病，以及药物过期等因素。如果患者对阿司匹林过敏，或有主动脉夹层、消化道出血、脑出血等病史，不能服用阿司匹林。

一些心脏病患者可能还会用一种药——速效救心丸。但是，别看它叫"速效"救心丸，它的作用远不如硝酸甘油和阿司匹林。

哪些情况下不能服用硝酸甘油或阿司匹林，患者如果很难把握，应立即拨打急救电话 120，由急救医生决定用药。急性心梗患者绝不可以自己去医院，必须立即拨打急救电话，由医生做必要的处理后，根据具体病情决定转运时机。

·第四，拨打急救电话 120，随时做好心肺复苏准备

大家已经知道，急性心梗是猝死发生率最高的凶险急症，患者随时可能发生猝死，应立即进行现场心肺复苏。

如果家里有人发生急性心梗，除了嚼服阿司匹林，立即拨打急救电话外，还要随时做好心肺复苏的准备。

这里有一个问题需要提醒：遇到急性心梗患者，周围的人（如家属）不要随意移动患者！因为移动心梗患者，会增加心肌的耗氧量，这就给心脏增加了额外的负担，很有可能会使心梗的面积继续扩大，加重病情，

促发猝死——就"好心帮倒忙"了。一般急救医生到了以后，对心梗患者进行急救措施，等其病情稳定后，符合转运条件时，再尽快送往医院进行进一步的检查、救治，防止病情反复、加重，造成遗憾。

@急救医生贾大成暖心提醒

急救车到来前，急性心梗这么救

第 1 步：让患者稳定情绪、安静休息，避免再受刺激。

第 2 步：为患者选择一个他感觉舒服的体位。

·如果患者呼吸困难，帮助患者取坐位，双下肢下垂，体位要尽量舒适；

·如果患者血压下降，甚至休克了，让患者躺平，撤掉枕头，注意保暖，防止因呕吐导致的窒息；

·如果呼吸困难、血压下降、休克同时发生，让患者取半卧位，根据情况调整角度。

第 3 步：如果常备有氧气，赶快让患者吸氧，每分钟 3 ～ 5 升。根据具体情况嚼服阿司匹林 100 ～ 300 毫克。

第 4 步：拨打急救电话 120，随时做好心肺复苏准备。

院前急救很重要，及时送医更不可少

有一次，我到了一个患者家的楼下，外边停着一辆出租车，出租车司机迎上前来告诉我："大夫，这家儿有个病人，要打出租车，病人一出来，我一看像是心脏病犯了，满头满脸都是汗，嘴唇发紫，一看就挺厉害，我没敢拉，我扶着病人坐在台阶上，又帮他们打了120。"

等我进到患者屋里，一做心电图，还真是急性心梗，等我处理完患者出来时，出租车司机还没走，我把患者的病情告诉了他，司机帮忙把患者抬上车后，我和家属一起感谢他，他面带得意地笑着："不客气，不客气！应该的，应该的！"他还小声儿告诉我，"前些日子，也是这么一个心脏病人，死在我车上了。"

出租车司机见多识广，这样的事，我已经遇到四五次了，真应该感谢这些出租车司机，否则，患者贸然乘坐出租车去医院，极有可能死在半路上。

但是，并不是所有的人都像这些出租车司机一样，知道不能自己直接把患者送到医院，必须要经过必要的现场急救，才能转运。及时的入院观察和治疗是必不可少的。

我又想起我曾经抢救过的钱家祥先生，他是中国体育界的著名体育活动家，曾任中国排球协会副主席、亚洲排联竞赛委员会主席，是20世纪40年代排坛高手，曾任袁伟民的教练。

1990年2月4日夜间1点多，钱家祥先生突然发生胸痛，当时并没有其他伴随症状。我到他家后立即做了心电图检查，心电图大致正常，没有"急性心梗"和"心律失常"等表现，又经过仔细检查后，我给他用了硝酸甘油静脉滴注，几分钟后胸痛消失，我说："您还得去医院，现在可以走了。"钱家祥便起身要穿衣服，我制止他说："您不能动，得找人抬。"

当时在场的护士用疑惑的目光看了看我，由于多年的默契配合，我明白她的意思：心电图正常，胸痛也消失了，还抬什么抬？虽然患者心电图正常，症状也消失了，没有证据说明他是"急性心梗"，但一种多年修练出来的职业直觉告诉我：他不是心绞痛，而是急性心梗。如果不考虑"心梗"，肯定就让他自己走下楼了，甚至可以不去医院，既然考虑到可能是这个要命的病，就绝不能让他自己走，必须用担架抬着走，为什么？如果让患者自己走动，心肌耗氧量就会增加，心脏的负荷就会增加，如果活动量再大点儿，比如上楼下楼什么的，心率就会加快，负荷就更大了，心肌的需氧量就会突然增加，这是极其致命的，很容易导致猝死。

钱家祥的夫人是上海人，是新中国国家女排第一代运动员，她不愿麻烦别人，不去找人。我再三向她动员、陈明利害，钱夫人仍坚持不能麻烦人，也就没有去找人，而我们在场的三个人又抬不动身材高大的钱家祥先生下楼。

大约过了 10 多分钟，我又做了一份心电图，果然证实了我刚才的直觉，心电图显示了典型的"急性广泛前壁心肌梗死"的图形。此后，患者反复出现了严重、复杂的致命性心律失常，幸好每次及时用药后都化险为夷。我一直对患者进行持续的心电监护，不断地测量血压，每隔二三十分钟做一份心电图，以便观察他病情的动态变化。

当然，我一直不断地向家属交代病情，并反复说明尽快到医院的必要性，更是一直在催促钱夫人赶快去找人帮忙抬患者下楼上救护车，但钱夫人依然坚持不去找人。其实，都住在国家体委宿舍大院里，找几个人来帮忙是很容易的，钱家祥先生当时一直很清醒，劝他睡觉他也不睡，甚至还谈笑风生。他是老北京人，还和我聊起了京剧，但我已经没有心思和他聊天儿了。直到早上 7 点多钟，钱夫人才找来几个人帮忙。患者上救护车之前，我又仔细检查一遍，完全符合转运条件。不知不觉，6 个多小时过去了，我们和患者都彻夜未眠，在他家度过了难忘的一夜。

当时那 6 个多小时真是惊心动魄、度日如年，我也急不得、恼不得，不过后来钱夫人总算找人来了，10 多分钟后，我们平安到达了北京急救中心。到了急救中心，我把患者交给了急诊科的医生。我们科是急救科，该下夜班回家了，可我知道这个患者的病情很重，估计还会有变化，就没回家，想看看他们如何抢救。果然，后来各种严重、复杂的致命性心律失常又反复出现，血压也测不到了，急救中心连忙把北京阜外医院的著名专家宋有诚教授、北京友谊医院的著名专家沈潞华教授以及人民医院的一位专家请来，四家实力强大的医院的著名专家携手抢救患者：这是一个非常"高大上"的抢救。

国家体委主任袁伟民、训练局局长吴寿章、排球处处长周晓兰也都闻讯赶到急救中心，一直守在钱家祥先生身边。

虽然专家们进行了全力抢救，但最终还是没能成功，钱家祥先生还是去世了，终年 63 岁。钱家祥先生离世后不久，《体育报》和《新体育》杂志都如实地报道了这件事。当时在抢救钱家祥先生的第一现场只有四个人，钱家祥先生、钱夫人、我和一个护士。患者已逝，记者并未采访我和护士。那么，提供整个情况的只有钱夫人了。

我们经常碰到这样的情况，就是家属把急性心梗的患者从家里扶出来了，结果刚出门，患者突然倒地猝死，非常可惜。

所以，"就地抢救"是急性心梗的抢救原则之一。但是不能误解了"不能动"。"不能动"是指患者在急性心梗的时候最好躺着别活动，并不是说别人不能"动"患者。实际上，一旦发生心肌梗死，当病情稳定后，要赶快到有抢救条件的医院救治，时间越早，抢救成功率越高，治疗效果就越好；反之，时间越耽搁，心肌坏死的范围就越大，治疗的难度也越大，效果就越差了。从心梗发生到开通血管，如果在 2 小时内完成，绝大部分心肌可以恢复，之后每耽搁 1 小时，死亡率随之增加 10%。所以，最好在发病后的 2 小时内送医院救治。

当然这话说起来容易，实际抢救的时候我们会遇到各种情况，要因时制宜了。

年轻人得心梗更危险

不少网友到我的博客里询问："什么人容易得心梗啊？""心梗能预防吗？""年轻人也会有心脏病吗？"……看得出来，大家对心梗还不太了解。

那么，究竟哪些人更容易得心梗呢？如何预防心梗呢？

首先，抛开遗传因素，有熬夜、吸烟等不良生活习惯的人最容易发生心梗。

新闻上也常常报道，一些外企员工、程序员由于工作压力大，连续熬夜引发猝死，这些所谓的"过劳死"，其中绝大部分就是由急性心梗引起的。

在亚太地区，造成心血管病的前三位危险因素分别是高血压、吸烟和高血糖。吃的食物能量过高、口味太咸、太油腻，对心脏都不好，因为这些食物会导致血脂浓度突然升高，造成血黏稠度增加，容易引起心梗。

医学研究发现，腹部肥胖的人血液中的一种"好胆固醇"水平较低，这会增加患心脏病的风险。朝鲜之前的领导人金日成和金正日父子都属于腹部肥胖的类型，虽然身边随时带着看护和医生，但最后他俩都是因为心梗去世的。

其次，从年龄上说，中老年人是急性心梗的高发人群。

随着年龄增长，人体的新陈代谢率会下降，血管的弹性、柔韧性下降，血液黏稠度增加，脂质代谢紊乱等，这些都是冠心病的危险因素，而前面已经说了，心梗就是冠心病的一种严重类型。所以，中老年人自然成了心梗的高发人群。如果中老年人再不注意自己的生活方式，那就更会给心梗以可乘之机了。

但如果我现在问大家："30岁的人和60岁的人发生心梗，谁更危险？"很多人可能想也不想，会觉得肯定是60岁的老人啊。其实，更危险的恰恰是30岁的青壮年。为什么？

因为60岁发生心梗的人，可能他在30多岁就开始出现冠状动脉硬化了，已经建立起了相对完善的"侧支循环"。等他到了60岁，一旦冠状动脉内血栓形成，血液流不过去了，侧支循环就会开放，让血液经侧支循环通过，这样心肌坏死的范围相对小些。但要是30岁的人突然心梗，冠状动脉的侧支循环还没来得及建立，一旦冠状动脉内血栓形成，则更加凶险。

那么，什么叫侧支循环？我给大家举个例子。

人体内的血管就好比北京的交通，大动脉就是主干道，比如长安街、平安大道，而侧支循环就是一个个的小胡同。一旦长安街堵死了，聪明的司机会选择走小胡同，从旁路绕过去，也能到达目的地。我们的身体也有这种类似的神奇的自我调节机能，如果某个地方堵了，时间长了，便会自己慢慢建立起一些侧支循环来进行疏导。

这让我想起抢救一位猝死的 19 岁空军小战士的事。

一天早上 7 点多钟，在空军南苑机场，一个 19 岁的战士在洗衣服，突然觉得胸口不适，战友们连忙骑自行车把他送到机场医院。刚一进医院的门，他便一头跌倒在地，不省人事。当时大概是 7 点 50 分，因为正好赶上医生、护士们上班，大家立即把他抬到抢救室开始抢救。同时，机场医院的医生分别给空军总医院、附近的航天部所属的 711 医院、北京急救中心打了 3 个求援电话。

我们得知医院正在为患者进行心肺复苏，快速赶到了南苑机场医院。我们刚一下车，马上有一群军人围了上来，有人向我介绍说："这是我们机场的政委。"政委对我说："急救中心来人了，我就放心了。"我说："您先别乐观，我还没见到患者呢。"

进了急诊室，里面有 10 多个医生、护士正在忙碌。患者没有了自主心跳和自主呼吸。711 医院的麻醉师最先到达，已经给患者做了气管内插管，正在用呼吸气囊进行人工呼吸。另一位机场医院的医生正在做胸外心脏按压，静脉通道已经建立，心电监护也已连接上了。空军总医院急诊科的一位医生也先于我到场。

我迅速了解了用药情况。突然，我发觉心电示波好像出现了有节律的跳动，便马上告诉做胸外心脏按压的医生："停，停，我看看。"果然，屏幕上显示了"室性心动过速"，这可是个好征象，但依然不能乐观，因为随时可能恶化为"室颤"，必须立即纠正为"窦性心律"。

空军总医院的医生马上说："利多卡因。"我也几乎同时说："同步电转复！"并双手分别拿起了除颤器上的 2 个电极板，我们急救中心的护士马上给除颤器充电，并把导电膏涂抹在 2 个电极板上，眨眼间已充好电，我把 2 个电极板放到患者胸上："放电！"除颤器的屏幕上立即显示了"窦性心律"，在场的所有人都松了一口气。此刻，利多卡因还没有注入到患者的静脉，患者随即出现了自主呼吸，血压 120/80 毫米汞柱，真高兴死了！

突然，患者全身抽搐（脑缺氧后导致的脑水肿造成的）。我连忙问："给脱水药了吗？"有医生回答："已经给过 500 毫升甘露醇了。"

我说："安定抽 20 毫克，静脉注射。"

空军总医院的医生说："10 毫克！"于是，护士从静脉推了 10 毫克安定，患者仍然抽搐不止，又过了不到 1 分钟，抽搐停止了，可不到 1 分钟又开始持续抽搐。

我又说："安定抽 20 毫克，静注。"空军总医院的医生还是不听我的，这样来回两三次，总量一共给了 30 毫克安定。患者仍然抽搐不止，过了不到 1 分钟抽搐停止，可不到 1 分钟又开始持续抽搐。

空军总医院的医生问我："还有什么办法？"

我说："你不听我的呀，我说抽 20 毫克，没让你一次全推完。也可能推 1 支就不抽搐了，也可能推 1 支多就不抽搐了。什么时候不抽搐了，什么时候就马上停止推药。这样可以一次性彻底控制抽搐，同时避免了反复用药发生的蓄积中毒。像你这样用药，药的总量不但没减少，比一次性 20 毫克还多，而且效果差。"他没再吭声儿。

后来，患者还在抽搐，空军总医院的医生又问我："还有别的办法吗？"我说："现在，患者的心跳、呼吸、血压、脉搏都正常，没有心律失常、心衰、休克等，可以去医院，边走边抢救。"后来，我们把患者抬上了空军总医院的车。

第二天下午，我抽空给南苑机场医院打了个电话，问了患者的情况，他们非常高兴地告诉我："患者已经清醒了，没有留下什么后遗症。我们刚从医院回来，他已经能吃西瓜了。"

所以，在这里我要提醒年轻人一句，不要觉得心梗离自己很远，一点都不关心，身体不舒服了也不当回事儿。事实上，现在心梗的发病年龄越来越年轻化，它已经不再是中老年人的专利了。

既然心梗人人都可能发生，那么，预防就很重要，而预防心梗最经济有效的方法就是运动。不过运动也有讲究，到底怎么运动最好呢？我给大家推荐一个口诀，叫"357"口诀。

"3"是指 30 分钟或 3 公里。就是说，每天用快走、慢跑等方式进行锻炼，持续 30 分钟，或者运动的距离达到 3 公里，既经济，效果又好。

"5"是指每周锻炼不少于 5 天。

"7"是指运动时的适宜心率为"170 减去自己的年龄"。比如，我今年 60 岁，170-60=110，我运动的时候心率在每分钟 110 次左右，就是合适的。

对于健康的年轻人来说，各种有氧运动都是很好的选择，但对于中老年人来说，由于身体的原因，腿和膝盖不能承受太大的运动量，怎么办呢？可以选择散步或游泳，其中游泳是最好的锻炼方式之一。水有浮力，对关节和脊柱能起到放松的作用，尤其适合关节不好的中老年人。

还要强调一点，运动健身，贵在坚持，三天打鱼两天晒网是没用的。

心梗急救，关键时刻还得听医生的

　　治病救人是我们医生分内的工作，有人把我们比作"白衣天使"，真的是不敢当。还有的家属把我们当成"活神仙"，以为只要我们到了现场，不管患者的状况如何，就一定能把人救活，事实真不是这样的。有时候，尽管我们尽力抢救了，每一步都没做错，但也会抢救无效或失败，这跟患者发病的严重程度有直接关系，尤其是急性心梗的患者，到了测量不到血压的程度，抢救的成功率真的很低。

　　有一次，我的一个同事去抢救一个患者，他进门一看，发现患者的情况特严重，急性心梗，没血压。跟家属一交代，家属就急了，说："赶快上医院吧！"

　　但同事坚持不走："不行，患者病情太重，不能挪动，动了就更危险了！等做了必要的处理后再走！"

　　好说歹说，最后终于把家属说服了，同事开始积极抢救。但抢救不等于患者就一定能救过来，结果抢救无效，患者还是死了，这下家属不干了，一个劲儿地跟他闹："我说走，你不走，都让你给耽误死了不是！"

那天也算他倒霉，后来又碰到一个急性心梗的患者，也是特别重，没有血压。家属也说："这么重，赶紧去医院吧。"同事又说不能走，强调"就地抢救"的原则，跟刚才的话一样。

家属却说："你不就是怕担责任吗？我给你写一个字据，赶快去医院，不用处理，后果我们自负，这回你放心了吧？"

同事一看这个字条，又想起刚才那趟车，心想："得！走就走吧！"就走了。上车没一会儿，患者的呼吸、心跳就停了，赶紧给他做了心肺复苏，也没成功。这会儿家属又说了："大夫，心脏病患者不是不能动吗？你懂不懂啊？"

同事说："我当然懂了。"

"懂你还走！"家属反倒怪起他来了。

"不是你们非要走的吗？这不是你写的吗？"同事气得抖抖手里的字条。

"你是大夫还是我是大夫啊？我不懂你也不懂啊？既然你懂，为什么我说走，你就走呢？"

说来说去，还是他的不对。那一天，可把我的那个同事气得不轻，我也真替他叫屈。家属的心情我们必须理解，误会我们是小事儿，耽误了自己亲人的生命可就是大事了。

我们科还有位梁大夫，比我大 10 岁左右。他 50 多岁的时候，有一次去抢救一个急性心梗患者。到现场的时候，那个患者并不是特别凶险，疼得也不是特别厉害，人也比较安静，然后梁大夫就给他做了心电图，发现是急性前壁心肌梗死，并出现了室性心动过速，这预示着患者马上要发生心脏停跳。梁大夫马上给患者静脉注射了消除室性心动过速的利多卡因。结果，用完药以后，患者还是很快发生了室颤（一种恶性致死性心律失常），心脏很快也就停跳了。梁大夫赶快对患者进行心肺复苏，但没有成功，患者最终还是没救过来。

当时现场就梁大夫一个人，很多操作都是他一个人进行的，非常忙乱。各位读者注意，我们医生抢救患者的场面是忙乱的，尤其是只有一个医生的时候，但我们不是慌乱。梁大夫当时的用药和心肺复苏完全没错，任何医院的医生都会这样抢救，但谁也不能保证抢救一定能够成功。但很多时候，患者和家属不明白也不管这些。

当时，患者的儿子走过去，"啪"就给了梁大夫一个耳光，嘴里还骂着脏字，说："你来的时候，我爸还能说话呢，你用上药，就给治死了。就是你给治死了，对不对？"

梁大夫的心情当时沮丧到了谷底，自己明明没有错，却被家属误会，那么大岁数还被一个年轻人给打了。患者的儿子当时情绪也是太激动了，大夫的话他哪里能听得进去啊？

像上面这两种情况，我们急救中心的医生几乎都碰到过，但也没有办法，家属的心情我们可以理解，家里有人生病了、去世了，心情不好也在所难免，我们医生只能默默承受着。

《临床冠心病学》里面提到了一些十分罕见的心梗非典型症状，像头痛啊、双下肢痛啊、脚趾痛啊，都有。这些地方的疼痛通常很难让人与心脏疾病联系在一起，但它们之间确实有内在关系，可这种内在联系很难和普通人解释清楚。所以，在临床工作中，我们急救医生也经常遇到诸多麻烦。比如，你要是胸痛，我给你做心电图，没的说；你要是背痛，我给你做，你也没的说；你要是头痛，我给你做心电图，没准你就有意见；

你要是脚趾痛，我要再给你做心电图，你准得骂我，是不是？

在此，我想对读者朋友说，不管如何，医生都会尽力去救治患者，但毕竟医学不是万能的，医生也不是能起死回生的"活神仙"。希望各位朋友看了这本书以后，除了增长一些急救知识，在关键时刻能帮上忙以外，还是那句话，多给医生一些理解和信任。因为，这无论对患者、家属，甚至对我们医生来说，都是非常有意义的。

第三章

CHAPTER THREE

急性脑血管病：
急救前要分清病症

江湖传言"宁心梗不中风"的急性脑血管病

前面一章说了心梗的凶险，相信大家都有了一个比较清楚的了解。但包括我自己在内的很多人，都宁可得急性心梗，也不愿得急性脑血管病。为什么？

急性脑血管疾病，包括出血性脑血管病（如脑出血）和缺血性脑血管病（如脑梗死、脑栓塞等）。出血性脑血管病是指非外伤性脑实质内的血管破裂引起的出血，占全部脑血管病的20%～30%，急性期的病死率为30%～40%。而缺血性脑血管病是指由于脑动脉内血栓形成，或身体内其他部位的栓子脱落后，随血流到脑血管中，使得相应的脑组织供血、供氧完全中断，导致脑组织坏死。

急性脑血管病具有"四高一低"的特点。"四高"是指发病率高、复发率高、致残率高、死亡率高，"一低"是治愈率低。

一旦患了急性脑血管病，非死即残。就算命大，也会留下不同程度的后遗症，最严重的是植物人，仅有呼吸、心跳，没有意识，更没有思维、情感、语言和行为，仅比死人多一口气。所以，我们又可称植物人为"社会学死亡"。就算不是植物人，生活质量也会受到严重影响。

如果发生了急性心梗，大多数人救过来后，不但能生活自理，甚至能照常工作。而脑血管病不一样，它的猝死率虽然没有心梗高，但其治愈率却很低，而且，患者往往会留下各种各样的后遗症。大量资料表明，存活的脑血管病患者中，50%～80%留下了不同程度的致残后遗症，比如半身不遂、讲话不清、关节僵硬、智力下降、痴呆等。这其中，约有3/4的患者丧失了劳动能力，2/3的患者需人帮助料理生活。而且，患者的痛苦只是脑血管病危害的一方面，它还会给整个家庭带来沉重的负担，如经济上、体力上、心理上等多方面。难怪民间有句话：一人中风，全家发疯。

脑血管病虽然病在血管，但影响最严重的却是大脑功能。很多时候，患者是无法彻底恢复的。

脑血管病除了具有极大的破坏性外，更要命的是，它的发病率还很高。我曾看过一份资料：我国每年有150万～200万人患上脑血管病，而且随着"三高"人群的增多，脑血管患者正在以每年8.7%的速度高速增长。比美国高出一倍。中国脑血管病的死亡率是心肌梗死的4～6倍，带来的经济负担却是心肌梗死的10倍。而且，以脑梗死、脑出血为主的脑血管病死亡率已经占全部死亡原因的24.4%。这是什么概念？也就是说，在所有死亡的人里面，差不多每4个人中就有1个人是死于脑血管病的。目前，我国的脑血管病的死亡率是116人/10万人，占全部死亡率的第二位。

除此之外，脑血管病的并发症也不少，如免疫力低下、肺炎、泌尿系感染、褥疮等。

需要特别说明的是，脑血管病跟心梗等一样，越来越年轻化，我见过不少 30 多岁就脑卒中的。45 岁以下的年轻人中，与 10 年前相比，脑血管病发症率提高了近 1 倍。这值得引起大家的重视。

既然脑血管病有这么多的危害，那我们如果遇到脑血管病患者，是不是就没有办法了呢？虽然这个病治愈率低，但还是有一些办法的，就是要积极救治。对于脑血管病患者来说，时间不仅是生命，还是生活质量的保证。

"一笑二抬三说"，发现苗头，立马打120

　　前面说了，脑血管病分为出血性脑血管病（如脑出血）和缺血性脑血管病（如脑血栓），虽然这两种类型的性质截然相反，一个是出血，一个是缺血，但它们表现出的症状极为相似，患者最主要的表现是一侧肢体的感觉障碍、运动障碍。所以，患者只要有以下表现，就应该考虑脑血管病发作的可能性，不用费心考虑具体类型。

　　① 头疼、头晕；

　　② 恶心、呕吐（尤其是喷射性呕吐）、流口水；

　　③ 一侧肢体无力，甚至瘫痪；

　　④ 说话不清楚，甚至完全不能说话；

　　⑤ 大小便失禁；

　　⑥ 不同程度的意识障碍，如嗜睡、意识朦胧直到昏迷，甚至深度昏迷。

　　如果不能准确判断，我还可以教大家一个简单的办法，轻松判断脑血管病发作。让患者做3个动作：笑一笑、抬一抬（抬手）、说一说（说自己的姓名、家庭住址）。这3个动作中，如果患者有1个做不到，就要

脑血管病患者发作前会出现的征兆之一：笑起来会
出现口角歪斜、不对称。图为右侧面瘫。

考虑是脑血管病发作了，赶紧一边打急救电话一边进行急救。

有一次，我接到一个电话："贾老师，前些天我听了您讲的急救课，结果还真用上了。我家的一位邻居今年 50 多岁，每天早上六七点钟就起床了。那天，都 8 点多了，他还不起床。他老婆叫他吃早饭，叫了好几遍，他也不起。他老婆又到他跟前叫他，他还是不动窝儿。他老婆一看不对头，马上把我叫了过去。我一看，就想起了您讲过的急性脑血管病。后来，我就按您教的方法判断他可能是脑血管病。因为他是仰卧位，恶心要吐，我赶紧把他翻成'稳定侧卧位'，刚一侧过来，他就吐了。后来，我帮他打了 120。到医院一做 CT，真的是脑血栓。想想都后怕，如果不是按照您教的方法，把他翻成'稳定侧卧位'，他很可能就窒息了。"

急性脑血管病患者最容易出现的情况就是昏迷，大多是由于大脑缺氧造成的。大脑缺氧也是很多脑血管病患者病发后恢复不好，或者留下严重后遗症的主要原因。

昏迷是脑出血患者的典型症状。什么是昏迷？简单来说，就是怎么叫也叫不醒他，但他还有呼吸和心跳。昏迷时，人的意识会丧失，对外界刺激不产生反应。比如，正常人睡觉的时候，如果被人使劲儿掐一下，一疼，人就醒了；而对于昏迷的患者来说，掐得再狠，他也没反应。

昏迷患者面色改变不大，或者面色潮红，有时脉搏还很有劲儿，"嘣嘣"地跳，一量血压甚至过高。昏迷患者可以是逐渐丧失意识，也可以是一下子就不省人事了。

很多人常常把昏迷和晕厥、休克混为一谈，分不清楚三者有什么区别。

在急救中心，我们常常接到这样的电话，说哪儿哪儿有一个患者休克了，等我们开着救护车急急忙忙到达现场，一看，所有人都站着呢。问病人在哪儿呢。旁边的人一指："那儿呢！"转身一看，患者好好地站着呢。我问："不是休克了吗？怎么在这站着呢？"那人回答："刚才休克了，现在好了。"让人又笑又气。同样，我们也会接到很多关于"昏迷"患者的电话。

其实，像这种自己随后可以站起来的，既不是昏迷，也不是休克，而是晕厥。

我们在电视里经常见到这种场景：一个老太太跟人家吵架，突然一下子就晕过去了，旁边人赶紧又呼唤又摇晃，老太太又醒了。这就是典型的晕厥，患者能很快被唤醒，或者过一段时间后能自行缓解、苏醒过来。而且，晕厥过后醒过来，说话清楚，四肢活动也好，心律和血压都正常。

这种情况绝大多数是单纯性晕厥，没有什么大碍。

晕厥，是由于各种原因导致的一过性脑缺血。导致晕厥的原因有很多，90％以上都是一过性脑缺血。晕厥一般都有诱因，比如说过度劳累、饥饿、站立时间过长、精神刺激等。

而休克是指由于各种原因造成有效循环血量短时间内急剧减少，导致微循环灌注不足，引起组织细胞缺氧和代谢障碍、器官功能障碍等一系列病理现象。

人在什么情况下会休克？最常见的原因是大出血，这很容易理解，流血过多，人体内的血量会减少，慢慢就不够用了，人就休克了。另外，大汗、腹泻、呕吐之后，体内水分会大量流失，血中的有形成分，如红细胞、白细胞、血小板等并未减少，而水分大量减少，同样可以造成血容量不足，这种情况也会导致休克。

休克有两大特征性表现：一个是患者血压下降，降到特别低，甚至量不到，脉搏也摸不着；另一个是周围循环障碍，患者出现手脚冰凉、面色苍白、口唇青紫，还有意识改变。休克开始时，人的意识还比较清楚，但随着脑供血不断减少，意识障碍逐渐加重，继而患者开始嗜睡，最后失去意识。

当然，如果实在辨别不了休克、昏迷、晕厥，也不用着急。一旦发现患者情况不好，除了采取必要的急救措施外，立即拨打急救电话，讲清患者的情况，等医生到达现场后，再进行相应的处理。

休克、昏迷、晕厥对比一览表

症状	患者具体表现	紧急程度
休克	表情淡漠、烦躁不安、反应迟钝、面色苍白、皮肤湿冷（一摸都黏手）、呼吸急促、脉搏微弱（甚至摸不到），血压下降甚至测不到，无尿、少尿，意识障碍甚至昏迷	★★★★★
昏迷	面色改变不大或面色潮红，人叫不醒，但还有呼吸、心跳；既可能是突然地丧失意识，也可能是逐渐丧失意识	★★★★
晕厥	绝大多数由于过度劳累、精神刺激等原因而突然意识消失，患者可表现为脉搏细微、血压降低、呼吸变浅、瞳孔散大、腱反射消失、肢端冷，有的人可有尿失禁，多于 1～2 分钟后自行苏醒过来	★★

120 到来之前，最重要的是防止窒息

脑梗死发生后，3 小时内溶栓治疗效果较好，溶栓越早效果越好。因为血栓形成后，梗死区周围的脑组织只是暂时丧失功能，如果能尽快使血管再通，恢复血液供应，那么这部分脑组织就可能避免坏死。每延迟一分，脑血管病患者恢复的速度和程度就会少一分：时间是救治脑血管病患者的关键之一。

为了防止仰卧位导致的舌后坠，以及呕吐物、分泌物引起的窒息，施救者可以将患者放置为"稳定侧卧位"，如果患者口中有呕吐物、分泌物、假牙等异物，应立即清理。

如果患者意识清醒，适当安慰患者，保持环境安静，缓解其紧张的情绪。不要让强光照着患者，同时保持周围的空气流动，如果身边有氧气，同样可以给患者吸氧。在医生对患者进行明确诊断之前，不要擅自给患者服用药物。

还可做一些简单的检查，比如呼唤一下患者，看其是否还有意识，能不能回应你；如果有血压计，测量一下血压，做好记录，等等。

　　将昏迷的患者放置为"稳定侧卧位"，并清除患者口中的呕吐物、分泌物、假牙等异物。

　　另外不能随意搬动患者，以免加重病情。如果必须要搬运，具体的方法是：一个人托住患者的头部和肩部，一个人托住患者的背部和臀部，另一个人托起患者的腰部和腿，几个人一起用力，将患者平抬到硬的木板床或担架上，而且搬动的时候要保证水平移动，不要抱、拖、背、扛患者。

　　不同症状的脑血管病患者，处理方法有一定的差别。

·昏迷患者：保持气道通畅很重要

　　第一，让患者保持安静，绝对卧床。别让患者枕高枕头，避免压到血管。另外，避免不必要的搬动，尤其是要避免头部的震动。

　　第二，保证患者的气道通畅，这是最重要的。对于昏迷的患者，应采取"稳定侧卧位"，切记不要给患者喝水、喝药，哪怕患者神志清楚也不能让他喝。为什么？

　　因为对于急性脑血管病的患者来说，其吞咽功能可能会受影响，别说昏迷的患者，就是意识清醒的人也会出现偏瘫，很可能把药物吞咽到气管里，那可就危险了。有一回，一个老年人急性脑血管病发作，家属由于太慌乱，一看血压升高了，就赶紧给患者吃降压药、喝水，结果患者被活生生噎死了。

第三，赶快打急救电话120。

第四，迅速去有 CT 设备的医院，确定患者是出血还是缺血，是大脑哪个部位出了问题，并确定出血量是多少，坏死的脑组织范围是多大等。确定了这些以后，医生就能做相应的、有针对性的治疗。

·休克患者：注意患者的保暖

第一，马上让患者平卧，有枕头的话赶紧撤掉，保持安静，目的是保证患者大脑的供血，为医护人员的到来赢取宝贵的援救时机。

第二，要确保患者的气道通畅，防止呕吐等原因发生窒息。

第三，是很多人都会忽视的一点：保暖。即便夏天最热的时候，对休克的人来说，他们依然会感觉很冷，这是因为其体内的微循环发生了障碍。

第四，有氧气的话，赶紧让患者吸上，同时，马上打急救电话120。

·晕厥患者：将患者放平即可

如果患者发生了晕厥，处理起来就简单多了，把患者放平就行了。人一放平，脑供血很快就会恢复，很快就能苏醒过来。有些人说，患者晕倒后可以掐其人中。其实掐人中没什么用，而且晕厥一般都可以自行缓解，患者一两分钟就能醒过来。

过去老北京人都是去澡堂子洗澡，就是一群大老爷们泡在池子里，泡的时间久了，常常发生"晕堂"的事情。

有一回，在虎坊桥浴池，有人打急救电话，说一个 70 多岁的老人在池子里"晕"了。刚好我们开车路过附近，就掉头往那儿赶。去了以后，我们发现老人已经被人抬到了长凳子上，躺下了，一群人围在他旁边。还没等我们检查呢，澡堂子来了个人，拿了一杯凉水，含了一大口，"噗"地一下全喷在了老人脸上，老人顿时就醒了，晕乎乎地爬起来，感觉什么事也没有。我们再进一步检查，发现这老人也没什么其他问题，就是一个单纯性晕厥。这种情况，就是因为人年纪大了，脑供血不足所致。当时澡堂里那个人采取的是民间传统的土办法，喷一口凉水，刺激晕倒的人清醒。其实，如果不管他，让他躺下，把他放平，脑供血充足以后，他自己也能清醒。

晕厥患者醒来之后，多数人没有什么其他不适，顶多有点儿无力、头晕、心慌。这时，摸摸脉搏，量量血压，如果患者没问题，四肢活动正常，说话清楚，一般就没事儿，但也有人心率加快或减慢，到每分钟 120 次以上或 60 次以下，这属于心源性晕厥，必须立即拨打急救电话，请专业医生进行处理。

脑血管病发作的表现多样，轻重不一，不是每个人都会昏迷，但都不能麻痹大意，一旦感到不适，要尽快就诊，因为没有昏迷并不意味着脑组织没有损伤。很多脑血栓患者在发病过程中始终意识清晰，但后来发现自己的嘴歪了，手脚不听使唤了，说话也不利索了。虽然可能没有生命危险，但很可能会留下后遗症。所以，还是要警惕。

@急救医生贾大成暖心提醒

昏迷、休克、晕厥患者分别该怎么处理？

昏迷	休克	晕厥
1.让患者保持安静，绝对卧床，撤掉枕头，避免不必要的搬动； 2.保证患者的气道通畅，不要给患者喝水、喝药，采取"稳定侧卧位"； 3.赶快打急救电话120； 4.迅速去有CT设备的医院	1.马上让患者平卧，撤掉枕头，保持安静； 2.确保患者的气道通畅，防止发生窒息； 3.无论天气冷暖，注意患者的保暖； 4.马上打急救电话120，有氧气的话，赶紧让患者吸上	把患者放平就行了。不用掐人中，一两分钟后患者就能醒过来

急救应该怎么救？老人倒地到底扶不扶？

说到晕倒患者急救要让人平躺，我就想到了一个最近几年的热门话题——老年人跌倒扶不扶。现在很多时候，老人跌倒后，周围常常会聚集不少围观的路人，但几乎没人伸出援手，有人想上前救助，都会被人"好心"劝阻，导致了多起悲剧。

现在"老人跌倒扶不扶"已经成为了一个社会问题，而不仅仅是医学问题。卫生部《老年人跌倒干预技术指南》出台后，多家媒体曾采访我，询问我的看法，很多网友也问我到底该怎么办。我的回答是：不管怎样，看到老人跌倒了，不要贸然扶起，要先询问、检查。

听我这么一说，有人可能会说我缺乏爱心。其实，不是我缺乏爱心，而是凡事要视情况而定，因为很多时候，就地抢救比把人扶起来更重要。看到老人跌倒了，甭管什么原因，也许是绊了一个跟头，也许是头晕，也许是被车撞倒了，只要老人倒了，先检查他的意识，问一句："您怎么了？"如果老人没有任何反应，就是昏迷了。接着，再检查一下老人的呼吸情况，如果没有呼吸了，马上做心肺复苏；有呼吸的话，则采取"稳

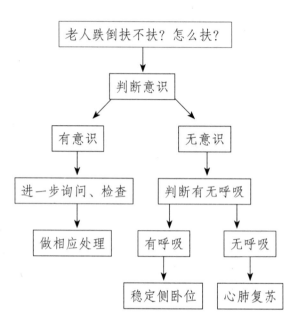

定侧卧位"，保持患者的呼吸通畅，然后再打急救电话即可。

说到这儿，我想起曾遇到过的一次比较令人尴尬的猝死事件。

有一次，我们赶到一个患者家一看，两位老人在床上，一上一下，盖着被子。掀起被子一看，两位老人都一丝不挂，老头儿趴在老太太身上。我们一下就明白了：老两口儿刚才在过夫妻生活呢。

我急忙检查老头儿，发现他已经没有了心跳、呼吸，口唇青紫。老太太倒没事儿，在下面睁着眼睛，也不敢动。

后来经过询问才知道，原来老头儿当晚服用了"伟哥"，兴奋过度，射精时突然全身抽搐，随即就瘫软在老太太身上了。老太太一开始还以为老头儿是正常的性高潮，可过了一会儿，觉得不对劲儿，怎么喊他也没回应，晃动他也没反应。老太太也顾不得许多了，救命要紧，赶紧喊家里人。后来，儿女们都过来了，但都不敢动，只好给老两口儿盖上了被子，马上打了急救电话，其他什么也不会做，就愣在旁边眼睁睁地看着，一直等到我们赶来。

随后我问旁边的儿女们："这人都不行了，怎么还不弄下来啊？"儿女们半天才缓过神来，支支吾吾地说："心脏病不是不能动吗？"

听到这话，我心里气啊，心想：如果当时有个稍微明白点儿的人，赶紧把人弄下来，一边做心肺复苏，一边打急救电话，或许人还能救回来。

所以，"扶不扶"这个问题，要根据具体情况来定，不能瞎扶，也不能一概不扶耽误了抢救。

刚刚我们举例的这个老人属于"性交猝死"，指由于性行为引起的意外突然死亡。死亡是每个人都不愿意经历的一个过程，但我们每个人又必须去面对和接受死亡，在享受生活的同时发生了意外，的确令人感到遗憾。性交猝死也是最让人乐极生悲的一种猝死。所以，大家在性生活过程中要悠着点儿，避免过度兴奋，量力而行，适可而止，尤其是老年人或疾病缠身、过度劳累、酒后、服用"春药"后，而有高血压、冠心病的人更要注意了。

还有一种情况比较特殊，就是脑血管病患者由于癫痫发作跌倒。

我们有时也会遇到癫痫大发作的患者，脑血管病是继发性癫痫的一个重要原因。癫痫，在民间也被称之为"羊角风"或"羊癫风"，中国目前有800万～900万的癫痫患者。对于有癫痫病史的家庭，他们一般都有了经验，知道患者没有生命危险，等患者的抽搐症状结束后才送医院。但是癫痫大发作时，患者一下子就倒地上了，口吐白沫，全身抽搐，看着特别吓人。对于第一次遇到这种情况的人来说，很容易惊慌，到底该怎么办呢？

要不要扶？能不能扶呢？说实话，在患者发作时还真不用，而且你也很难将患者扶起来。

遇到癫痫患者发作，我们急救医生一般会怎么处理呢？我一般会把他的衣领松一松，并注射地西泮，等他发作停止后，病情稳定了，再送到医院去。一般人如家属肯定不具备注射地西泮的条件，也不会随身携带着，这时能做的就是给癫痫患者松开衣领，确保他的气道通畅，注意不要强行约束患者，任其抽搐，并赶紧拨打急救电话。等待发作停止后，让患者采取稳定的侧卧位，等待急救车的到来。

有的读者可能听别人说过，或在别的地方看到过，说遇到正在发作的癫痫患者，要拿一个东西垫在其上下牙齿之间，怕患者把舌头咬坏了。其实，这在实际操作中非常难实现，患者癫痫发作时牙关咬紧，根本塞不进去东西。如果强行往嘴里塞东西，很有可能损伤牙齿。

作为家属，前几次遇到患者发作，可能没有经验，但次数多了，知道家里有个癫痫患者，就得仔细些，看着患者状况突然不好了，应立即上前抱住患者，慢慢放在地上。这样可以避免摔伤。

癫痫大发作本身对患者可能不会造成什么太大的影响，反而是摔倒的那一瞬间，可能会造成各种各样的外伤。

脑血管病就是生活方式病

说起病因，脑血管病和前面一章讲的急性心梗简直如出一辙，人们总是把二者放到一起进行讨论，称为心脑血管疾病。前面说到冠心病与动脉粥样硬化有关，脑血管病也是一样。

脑血管病的高发人群也和冠心病差不多，主要是中老年朋友，这些人一般都有高血压、糖尿病、血脂异常、吸烟、肥胖、熬夜、心理压力大等危险因素。另外，有烟酒嗜好的人得脑血管病的也很多，压力过大也容易导致脑血管病发作，企业老总、领导干部、白领阶层也是脑血管病的高危人群。

对于脑血管病，除了年龄、种族、性别和家族遗传性等因素外，最危险的致病因素就是高血压、高血糖和吸烟。

"吸烟有害健康"，这似乎是人人都明白的道理，但仍有不少人没有真正重视起来。吸烟可以直接损伤血管内皮细胞，降低血管壁的光滑性，导致胆固醇堆积，形成斑块。对于吸烟的人来说，大部分都有动脉硬化的问题，这也正是急性脑血管病、冠心病的病理基础。

我有个朋友叫叶志平，说起这个名字，很多人可能不知道他是谁，但如果提到 2008 年汶川大地震中那个"最牛校长"，大家就知道了，他就是那个带领 2000 多名师生全部逃出来而且没有一人伤亡，创造了奇迹的桑枣中学校长。

汶川地震前，他把给学校拨的钱全部用于加固学校房屋了。当时，老师们都不同意，他还是坚持了下来。地震的当时，他正在外面，不在学校，赶忙往学校跑。跑回学校一看，学校的房屋一间都没有倒塌，全校 2000 多名学生在操场中间，100 多名教师围在学生周围、保护着学生，全都安然无恙。叶校长抑制不住自己内心的情绪，坐在地上放声大哭起来。

叶志平是四川人，个儿不高，烟不离嘴，每天抽两盒烟，他肺气肿，说话都带喘的，血压 200 多了，也不吃药。汶川地震之后，他一下子出了名。温总理都找他，跟他聊今后应该怎么干。学校也接受了好几亿捐款，忙得不得了。还有好多人给他打电话要求捐东西捐钱。他说："我不要了，我这儿有好几辆车了，我不要了，谢谢了。钱也不要了，我有好几亿了，一个小小的中学够了！"我和他很熟，就在旁边逗他："别不要啊，拿来给我啊。"

这当然是玩笑，其实比起他的事业，我更关心他的身体，每次见面我都劝他，把烟戒了，去医院看看病，他就是不肯。他那个人和我一样，大咧咧的，什么也不在乎。我们俩最后一次见面是在 2010 年 10 月，我们一起应邀在西安为几十名校长进行校园安全培训，他喘得比以前更厉害了，还在饭桌上夹着大肥肉吃，我说："你的生活习惯真的要改改了，要再不听我的，你迟早不是脑出血，就是心衰，你等着吧！"因为我们关系非常好，我也没什么忌讳，直截了当地说他，他哈哈一笑，也不往心里去。

果不其然，2011 年 6 月 3 日，他由于脑出血没抢救过来，去世了。一个这么好的人死了，让人痛心，究其原因，都是因为他的生活方式不健康导致的。

预防脑血管病的最好办法，就是马上改变自己不良的生活方式，并且定期进行体检，这样才能防患于未然。俗话说，很多病都是吃出来的，像在以前吃都吃不饱的年代，得脑血管病的人很少，哪像现在，不但中老年人得，年纪轻轻得脑血管病的也大有人在。所以说，要想远离和预防脑血管病，得管住自己的那张嘴，同时还要迈开腿。坚持健康的生活方式，就能避免和减少许多凶险的疾病。

平时多吃点新鲜的蔬菜、水果。蔬菜、水果里面含有丰富的维生素，特别是维生素 C、胡萝卜素，还有钙、磷、钾、镁等矿物质，以及很多膳食纤维。常吃对降低胆固醇、增强血管弹性、促进心肌酶代谢、保护脑血管健康有着不可替代的作用，这比靠吃药好多了。建议每天吃的量，新鲜蔬菜不少于 8 两，水果 2 ~ 4 两。蔬菜多选新鲜、深绿色的。水果像草莓、橘子、猕猴桃等，都行。

再就是，蛋白质不能少。推荐每星期吃 2 ~ 3 次鱼，尤其是海里的鱼，含有不饱和脂肪酸，对改善血管弹性和通透性、调节血压、降低脑血管病的发病率及抑制血栓都有很好的作用。另外，像牛奶、豆腐等也不错，尽量少吃动物内脏，像肝啊、肾啊、鱼子啊什么的。

还要注意，一天不能吃太多，也不能太油。吃得太多，多余的食物会转化成血脂，使血脂升高，时间一长，高血压、动脉硬化就来了。而且，脑血管病的人大多数体形都比较胖，很多人平时也不爱运动，更不能吃太多、太油的东西了，像肥肉啊、奶油啊、油炸食品啊，尽量不吃。

盐要少吃，少喝酒和咖啡。盐吃多了很容易引起高血压，进而导致脑血管病。每天用盐量应该降到 6 克左右，一个啤酒瓶盖装满大概就是 6 克，尤其是口味偏"重"的朋友，更要注意。喝酒会导致血管扩张，血流就会加快，导致脑的血流量增加，这就是为什么很多人酒后常出现急性脑溢血发作，所以要少喝酒，男性每天不超过 1 两白酒或 1 瓶啤酒，女性要减半，孕妇禁酒。咖啡为什么也不让喝？咖啡有兴奋作用，还可以引起脑血管的收缩，大脑的血流量就会逐渐减少，导致脑缺血、头晕等，增加患病风险。

坚持"三低"饮食——低油、低盐、低糖，以克服"三高症"——高血脂、高血压、高血糖。

另外，多运动对于预防和改善脑血管病也大有好处。吃完饭静卧 20 分钟后，出去散散步，打打太极都行；身体比较好的人，也可以选择快走、慢跑、骑自行车、游泳等。

此外，脑血管病发作跟天气变化有很大关系。夏天天气闷热的时候，很多人都会觉得胸闷、憋气；而冬天特别冷的时候，血管容易收缩。过冷过热都会对脑血管产生不良刺激，可能诱发急性脑血管病。所以，如果家里有脑血管病患者或高危人群，在气候发生变化时，家属更要密切注意他们的身体健康。在三九天或三伏天，或者气温骤变的时候，不要让脑血管病患者到户外活动，室内的湿度、温度也应该进行适当调整，让其保持在比较恒定、舒适的水平。另外，也不要让老年人洗桑拿浴等，在家里淋浴即可。一来是因为桑拿房里温度太高、湿度太大，对老年人健康不利；二来还能预防一些老年人发生意外，如摔倒、晕倒等。

还有一点需要注意，脑血管病患者要注意避免受到强烈刺激，尤其是年龄较大的患者。我遇到过一些年纪较大的患者，在性高潮的时候，心率增快、血压增高，从而诱发了疾病。

有一次，我接了个急救电话，说是一老头出事儿了，让我赶紧过去。到了之后，那个老头儿在床上躺着呢，穿着棉毛衫、棉毛裤，裤子靠近生殖器那一块地方是湿的。

当时，我就发现他意识模糊，但掐他有感觉，还知道皱眉，手还知道动。我问旁边的老太太：“怎么一回事儿？”

老太太说：“这是我老伴儿，他让我给他手淫，后来他突然抽了一下，然后就这样了。一开始我还以为他是舒服的呢，后来叫他不动，也不醒了，我说坏了，赶紧打了 120。”

这个患者本身有高血压，通过检查，已经有一侧肢体瘫痪，而且有面瘫，血压 200/120 毫米汞柱，初步考虑是脑出血。我马上给他用甘露醇降低颅压，并降低过高的血压，然后赶紧送往医院，经 CT 检查，果然是脑出血。

高血压本身没什么大不了的，但损害的是重要器官，一旦受到比较强的刺激，血压激增，患者就会头晕、头痛，严重的就会导致脑出血。

从这个例子可以看出，年纪大的人过性生活要特别注意。当然，性生活这个事儿本身只是个诱因，主因还是高血压。

 @急救医生贾大成暖心提醒

远离突发性脑血管病伤害

管住嘴	平时多吃点新鲜的蔬菜、水果，每天新鲜蔬菜不少于 8 两，水果 2 ~ 4 两； 每星期吃 2 ~ 3 次鱼，尤其是海里的鱼，尽量少吃动物内脏； 每天不能吃太多、太油； 少吃盐，少喝酒和咖啡；每天用盐量不超过 6 克，男性每天不超过 1 两白酒或 1 瓶啤酒，女性减半，孕妇禁酒； 坚持"三低"饮食：低油、低盐、低糖
迈开腿	吃完饭静卧 20 分钟后，出去散散步，打打太极； 身体比较好的人，也可以选择快走、慢跑、骑自行车、游泳等运动项目，贵在长期坚持
其他注意事项	戒烟； 过冷过热的天气或者气温骤变时，不要到户外活动； 室内的湿度、温度应该进行适当调整，让其保持在比较恒定、舒适的水平； 避免受到强烈刺激，尤其是年龄较大的患者

第四章

CHAPTER FOUR

考验家长急救知识的时刻来了！

70％的儿童意外伤害发生在家里！

　　为什么要单列一章来说儿童急救？不是因为儿童急救和成年人急救在施救方法上有特别大的区别，而是因为儿童这个群体的特殊性。

　　孩子发育很快，刚生下来连转头都不会，转眼就会走了。根据婴儿的发育规律"2个月会抬头，4个月能翻身，6个月会坐，7个月能滚，8个月会爬，1周岁会走"，在不同时期，孩子可能会面临不同的危险。

　　4个月之前，孩子还不会翻身，这时候，如果孩子不小心被衣物、毛巾或被子掩住了口鼻，他们是没有办法拉开这些东西或者移位的，很可能会发生窒息。孩子4个月后会翻身了，8个月会爬了，从床上跌落的危险就大大增加了。生活中，很少有孩子从来没从床上掉下来过。

　　1岁以后，孩子具有独立行走能力了，活动范围扩大，可能接触到的危险也增多了，烫伤、触电等意外伤害屡有发生。

　　2～3岁的孩子好奇心强，好动，判断力不足，内心却又特别自信，底气很足，所以常常发生意外伤害。

　　到了小学和中学阶段，随着年龄的增长，孩子的知识、阅历、经验、独立意识、活动范围与日俱增，接触危险的机会也在不断增加，溺水、车祸等意外伤害越来越多。

另外，孩子往往缺乏生活经验和危险意识，辨别能力和预见性都比成年人差，对危险反应迟钝，缺少避险逃生的知识和能力，这也是造成儿童意外伤害的重要原因。比如过马路，成年人知道开过来的那辆车是否会撞到自己，是否应该快走几步或停下来让车先过，但是孩子做不到这一点，他们不知道什么时候过马路是安全的，所以孩子被车撞到的概率就比成人高得多。

几年前，我曾经看过一个统计报告，说中国每年有240多万14岁以下的小孩因为意外伤害死亡。这意味着什么？意味着每年有几十万个家庭要忍受巨大的悲痛，可能几代人都会陷入无尽的哀伤中！

在我的急救生涯中，我抢救过无数病情危急的患者，但最让我痛心的，莫过于见到孩子遭受意外伤害，甚至死亡，例如两三岁的孩子不小心被花生、瓜子、果冻等异物卡住而窒息；由于家长的疏忽大意，孩子被烫伤、烧伤，或从楼上摔下；放暑假出去玩耍，孩子落水、溺水……这些意外伤害，都有可能导致不可挽回的悲剧。

有关数据显示，儿童的意外伤害70%发生在家里。异物窒息、烫伤、溺水等是导致孩子受伤致死的重要原因。

这很值得我们深思：为何现在生活条件越来越好了，威胁孩子安全的因素却越来越多？作为监护人，家长对孩子的保护力为何如此薄弱？

我认为，一方面是很多家长缺乏监护意识。现在的年轻父母大多是"80后"，甚至是"90后"，大部分又是独生子女，即使做了父母，可能连自己都照顾不好，加上又都是第一次做父母，照顾孩子更是毫无经验；

而如果由家里的老人来带孩子，虽然他们的经验稍微丰富一些，但因为其护理观念老旧，加上反应过慢，也可能无意中让孩子受到一些伤害。

更主要的是另一方面，面对意外，很多家长不会急救，或仅凭经验、感觉对孩子施救，往往错过了最佳的治疗时机，甚至会加重孩子的伤害，后悔已经晚了。记得有一次，一位妈妈刚刚给暖壶灌完开水，顺手就把暖壶放在五斗橱上了，心想五斗橱这么高，孩子才刚满 1 岁，绝对够不着。没想到刚刚离开几步远，就听"嗵"的一声，孩子立即哇哇大哭起来，怎么回事儿？孩子的妈妈跑过来一看，暖壶掉地上了，开水浇了孩子全身。暖壶搁那么高，怎么掉的？答案就是五斗橱上面铺的台布。孩子一揪台布，暖壶就从上面掉下来了。不要小看台布，我还碰到过有的孩子扯台布把放在上面的刀子、剪子扯下来，结果把脸划伤了，或是把脑袋扎了。问家长们的时候，他们都说万万没想到。所以，我建议有孩子的家庭就别铺台布了，以防万一。

避免家庭环境中的安全隐患，除了不要用台布，还有很多需要注意的细节。

比如，给窗户加装护栏，有没有必要？如果家里有小孩，无论住在几层，窗户、阳台等都应该安装护栏，不只为了防盗，更是为了孩子的安全。我们经常听到孩子从几层甚至几十层的高楼掉下去的事情，那真是凶多吉少。另外，安装防护栏不是简简单单安装好就可以了，有很多细节上的讲究。比如，护栏要么是封闭式的，要么高度不能低于 1.1 米，否则孩子很容易爬过去；护栏栏杆的间距不能大于 11 厘米，否则孩子很容易钻过去；还有，护栏必须是纵向的，要是横向的，不就等于给小孩安装了一个梯子吗？

对于专门的儿童活动场所，如幼儿园等，建议地面最好用木板，并铺上地毯，所有家具都做成圆角。孩子摔在水泥地上肯定比摔在铺有地毯的木板地上要严重；而圆角和尖角的家具，肯定是圆角对孩子来说更安全些。

这些常识是保障孩子安全的基本保障，谁能说不重要？否则，孩子很容易处于危险当中，作为家长，应该格外警惕。从孩子一出生，很多家长就想着如何注重孩子营养、早期教育等问题，但比起这些来，孩子的生命安全和身体健康更应该放在第一位。

让孩子从小树立急救观念和安全意识

古语有云："凡事预则立，不预则废。"

《生命时报》的驻美记者曾写过一篇报道，叫作《18岁前必须学会急救》，文章对比了中国跟美国的急救教育状况，让我深深感到，中国学校教育里最缺失的一环就是急救教育。

美国的法律规定，任何一个公民在18岁之前必须掌握全部基本的急救知识。国外的家长在孩子2～6岁时就会告诉他们什么是危险的，比如说，玩刀子会拉口子，玩火会烧着皮肤，塑料袋往脑袋上套会憋死人等。家长不光会告诉孩子哪些东西有危险，还会让他们亲身体验一下这种危险的感觉，并告诉孩子如何躲避危险。这些对孩子从小建立安全意识非常重要。

到了小学，虽然孩子还没有真正接触急救，但国外的老师会教他们如何打911（美国的报警、急救电话）：要说清患者的姓名、性别、年龄，自己一个人在家里的话，打完电话要打开房门，要是夜晚，就打开房间所有的灯光，让急救车能尽快找到。此外，尽可能说清目前最危急的状况，比如需要救助的人是意识不清还是胸痛等情况。最重要的是，说明等车的地点，比如一个高大的建筑物，或是一个标志性的建筑物。老师会教孩子，要对急救人员说清自己家住在哪个小区，自己在哪个商场或是马路的哪个方向等急救车，因为急救车随时随地都能停，不受交通标志线限制，自己要尽可能主动接应一下救护车，把救援人员带到患者身边，这样可以节约很多时间。

这些急救教育，会对孩子树立急救意识起到很大作用，孩子可以受用一生。相对来说，美国因急救失误造成的死亡率要比中国低得多。

前面讲过，意外伤害已经成为扼杀孩子生命的第一杀手。家长不能永远陪在孩子身边，守护着孩子，为他们避开所有风险。所以，家长应该帮助孩子从小树立防范危险的意识，适时教会孩子正确的急救知识，在孩子的成长过程中，一方面能够规避风险，另一方面能够帮助孩子养成正确的急救意识，在遇到危险或当身体出现不适时，孩子具备自救、互救的急救知识和有效的急救技能。

另外，家长应该知道，培养孩子的安全意识，说得多不如做得多。孩子的好奇心很强，什么东西都想要摸一摸、动一动，家里的电源插座、煤气灶，孩子都想"伸把手"。就是因为这样，每年因烧伤、触电导致孩子发生意外伤害的事故不在少数。小孩玩火柴把家里点着的例子，相信大家也都听说过，我还听过小孩在电器上撒尿被电死的事例。

虽然孩子的好奇心需要保护，但危险不得不防范。

比如，家里装修的时候，电源插座位置应该高于1.6米，避免儿童接触，电线也不应暴露在外；电风扇、电热器等电器应该有防护罩；家里的火柴、打火机等，最好都放在孩子看不见、够不着的地方；尽量不要让孩子接触到煤气灶、燃气热水器等。孩子大一些，家长就要及时对孩子进行防火、防触电的安全教育，可以把家用电器的使用方法与注意事项告诉孩子。

　　一般来说，形象的东西更能让孩子留下深刻印象，比如，可以带孩子去医院看看烫伤的患者，或许比对他说一千遍不能碰开水更有效。

"冲动是魔鬼"，教育孩子要用对方法

除了要从小培养孩子们的急救意识外，很多家长也要培养自己的急救意识，不仅仅是急救方面的知识，有的家长严重欠缺医学常识，我称这种人为"医学知识盲"。我遇到的最痛心疾首的例子，就是家长在教育孩子时，下手没轻没重的，把孩子逼上死路，而孩子出了问题，家长由于自己无知，最后酿成了惨祸。

我曾经遇到过这么一件事儿。有一天夜里三点多，我到了患者家里进门一看，一个 8 岁左右的孩子趴在床上，已经没有了心跳、呼吸，身体冰冷。他父亲呆坐在一旁，完全傻了眼，两只手揪着自己的头发，嘴里一直喃喃自语："怎么会这样？怎么会这样？"这种情况下，我顾不上安慰家长，赶紧一边抢救孩子一边问。

"怎么回事啊？"

"哎呀！是我把他害死了。"

"什么叫你把他害死了？是工作不好，还是惹什么事儿了？"

"我打他来着，给打死了。"

"打哪儿了？"

"就打屁股，没打别处。"

"什么时候打的？"

"昨天晚上七点多。"

哦，已经八个多小时了。这是个单亲家庭，由于孩子不听话，父亲"恨铁不成钢"，用木板狠狠地教训了孩子。打完孩子后，就让他睡觉去了，半夜起来再看孩子时，已经为时已晚。

我赶紧脱掉孩子的裤子一看，孩子的屁股全都青紫了，两边都有大片的皮下出血，而且都肿胀了，下手太狠了。

明知救不活，我们还是进行了全力抢救，孩子最终没能救过来，他父亲后悔得连连把头撞在墙上，"咚咚"作响："我怎么也没想到，打屁股能打死人。我就是想教训教训这个不争气的孩子。早知道这样，我绝不会打他。"但天底下没有后悔药卖，这件事说明什么呢？不要打小孩，屁股也不要打！

不少人认为：屁股肉厚，打不坏。其实，恰恰是因为屁股肌肉丰厚，打屁股打得厉害，造成了肌细胞破裂，释放出大量的钾离子，还有肌红蛋白。钾离子会造成心脏停跳；肌红蛋白进入血液循环后，流经肾脏的时候，会堵住肾小管，导致急性肾功能衰竭。这跟地震中长时间被压的伤员在被解救出来后会马上死亡是一个道理。

遇到这种情况，如果家长懂一些医学知识，发现孩子情况不对劲，赶紧停下，赶快到医院检查一下，让医生采取必要的措施，孩子也许就不会死了。当然，不体罚孩子也就不会发生这样的悲剧了。

记得有一次，一个12岁的男孩因为和父亲顶嘴，你一句、我一句，吵得越来越激烈。父亲后来怒不可遏，顺手抄起一把茶壶砸向儿子，顿时儿子左侧前额、眉毛、眼皮上，斜着裂开一个大约 5 厘米长的口子，伤口外翻，血流如注，衣服上也沾满了殷红的鲜血，茶壶落地摔了个粉碎。我赶到现场后，孩子的母亲正用手捂住孩子头上的伤口，鲜血还在顺着母亲的指缝流淌、滴落。

母亲一直在数落父亲，父亲坐在一旁吸着烟，默不作声。

我赶紧用无菌敷料继续给孩子压迫止血，几分钟后出血停止，又用绷带包扎了伤口。

我小声儿对孩子的父亲说："你看看多悬（北京话，"危险"的意思），再稍微往下一点儿，眼睛可能就瞎了。"看得出，父亲的目光中透露出的是悔恨、内疚和心疼。

还有一次印象也比较深刻，那是个周一的早上，我们来到一户人家，一个 13 岁的男孩躺在床上，昏睡不起。我大声叫他，他还能睁眼，但表情淡漠、双手颤抖，回答问题迟缓，说自己出虚汗、头晕眼花、心慌、全身无力、手脚发麻。

经过询问才知道，因为学习不好，孩子的两门功课考试不及格，父母为了教训他，两天多没让他吃饭。我连忙给这孩子查了个血糖，结果是 2.6 毫摩尔 / 升（一般空腹全血血糖为 3.8 ~ 6.1 毫摩尔 / 升），绝对是"饥饿性低血糖"。我马上给孩子静脉注射了 50% 的葡萄糖 60 毫升，孩子很快就精神了许多，后来又把他送到了医院，做了进一步诊治。

说到底，对孩子的教育，家长还是要讲道理，文明教育，不要采用暴力的方式。不管是打头还是打屁股，都会出问题，而一旦出了问题，往往都是不可挽回的损失，再后悔也晚了。

气道异物：海姆立克急救法一招搞定

　　逢年过节，也是急救中心最忙的时候，一家人难得聚在一块儿，平时不喝酒的人一高兴也会多喝几杯。孩子更是得到全家人的关注，奶奶抱抱，爷爷亲亲，叔叔哄哄，逗得大家哈哈大笑。但往往就是在这个时候，"隐藏"的危险就来了！

　　2014年春节，有条消息在微博上被网友疯转：一个2岁半的小娃娃被亲戚喂了一颗开心果，结果开心果就进入了气管，孩子立马呼吸不畅，脸憋得青紫，家里人吓坏了，赶紧送医院。尽管接受了气管切开抢救，但孩子还是没有被抢救过来。

　　很多人都斥责那个亲戚说他手贱，但大家仔细想一想，在这之前，又有多少人知道不能乱给孩子喂东西吃呢？又有多少人知道"海姆立克急救法"呢？如果那一大家子人里面，有一个人会海姆立克急救法，并能及时实施，或许开心果就不至于要了孩子的命。

　　抽样调查显示，意外伤害已占0～14岁儿童死亡原因的第一位，而吸入异物又是造成儿童窒息死亡的主要原因，高危人群为0～4岁的孩子。

很多人可能要问了,为什么孩子的气管如此容易进异物?且一旦吸入异物,情况又如此凶险?原因在于喉咙的"地理位置"比较特殊。

咽喉是人体"气道"和"食道"并行的地方。所谓"气道",就是吸入与呼出气体的通道,也就是气管,只供气体通过,容不得任何其他液体、固体物质进入;而"食道"则是吞咽食物的必经之路,也就是食管,同样,气体也不应进入,如果较多的气体进入食管,可能会导致腹痛、腹胀等症状。

将气体和食物分流的装置是"会厌"——喉腔开口处的一个舌形活盖。会厌向上开放,人就能进行呼吸,会厌向下盖住喉腔,水和食物就不能进入气道。一般来说,会厌分流功能受神经系统自动控制,但孩子神经系统发育多不完善,吞咽反射功能尚未发育健全,所以最容易发生液体、固体物质误入气道,出现"窜道行驶"。异物进入气道,可能出现两种情况:气道完全阻塞和气道不完全阻塞。不完全阻塞很多见,几乎每个人都经历过,通常是液体,比如喝水的时候,突然被呛,就属于这种情况。一般我们马上会控制不住地剧烈咳嗽,这种咳嗽是一种保护性反应,它可以利用肺部的气体把异物冲击出来,从而解除气道梗阻,使人转危为安。如果遇到呕血或咯血被呛入气道,可以立即采取头低脚高位,利用重力进行"体位引流",把气道里面的液体引流出来。

异物进入气道后,孩子会出现一些有特征性的症状,家长要能马上识别出来,以便迅速进行急救。如果进入气道的异物较大,把气道完全阻塞,就是说气道里面完全堵严了,机体不能与外界进行气体交换,孩子马上会出现"三不"症状:不能咳嗽、不能呼吸、不能发声。接着会出现呼吸困难,面色青紫,烦躁不安,大脑就会严重缺氧,意识丧失,心跳也很快随之就停止了，情况非常紧急。

如果异物较小，进入气道后，孩子会马上出现剧烈呛咳、吸气性呼吸困难等，异物也可能因剧烈咳嗽或由肺内的气体从气道被冲击出来，也可能冲击不出来，甚至越堵越厉害，导致孩子呼吸停止，继而心跳停止。

如果异物已经进入一侧气道（多见于右侧），孩子会出现咳嗽、喘鸣，之后还可能引发肺部炎症。如果误入气道的异物含有脂肪酸，如花生米、杏仁等，则气道炎症会较明显，孩子会咳嗽、咳痰；如果误入气道的是小纽扣、小弹珠等较小的异物，刚开始可能没有任何症状，但数周或数月后，孩子会反复发热、咳嗽、咳痰，出现慢性支气管炎、慢性肺炎、支气管扩张等病症。对于反复不愈的支气管炎、肺炎，父母要特别注意，应尽快带孩子去医院。

在我个人看来，从危险程度上讲，气道异物梗阻导致的气道完全阻塞是仅次于心脏骤停的急症之一，所以要分秒必争，及时施救。怎么救？国际上通用的气道异物排除法是"海姆立克急救法"。

海姆立克是一位美国的外科大夫。20世纪60年代末，在美国的意外死亡中，气道异物窒息排在第6位，这让他感到很震惊。当时美国的医生在急救时多采取拍打背部的方法，认为这样能够把异物拍出来，或者用手指直接伸到患者咽喉里去抠，结果越弄越深，效果并不好。

鉴于此，经过长期摸索，海姆立克发明了"腹部冲击法"。1975年10月，美国医学会以他的名字命名了这个急救方法，并在报刊电视等媒体广为宣传推荐，到1979年，短短4年时间里，美国就有3000多人因这种方法被抢救成功。到目前为止，此方法至少救活了10多万人的性命。

《世界名人录》称海姆立克教授为"世界上拯救生命最多的人"。

·成人气道梗阻的"海姆立克法"

上腹部冲击法：此法是通过冲击上腹部而使膈肌瞬间突然抬高，肺内压力骤然增高，造成人工咳嗽，肺内气流将气道内异物冲击出来，从而解除气道梗阻。有两种方法：成人立位或坐位上腹部冲击法和成人卧位上腹部冲击法。

成人立位或坐位上腹部冲击法适用于意识清楚的成人患者。患者取立位，抢救者站在患者身后，一腿在前，插入患者两腿之间呈弓步，另

成人立位上腹部冲击法：施救者站在患者身后，一腿插入患者两腿间，另一腿后伸，双臂环抱患者腰腹部。

一腿在后伸直；同时双臂环抱患者腰腹部，一手握拳，拳眼置于肚脐上两横指，另一手固定拳头，并突然连续用力向患者上腹部的后上方快速冲击，直至气道内异物排出或患者意识丧失。

成人卧位上腹部冲击法适用于意识丧失的患者。抢救者骑跨于患者大腿两侧，将一手掌根部置于患者脐上两横指的正中部位，另一手重叠于第一只手上，并突然连续、快速、用力向患者上腹部的后上方冲击。每冲击 5 次后，检查一次患者口腔内是否有异物。如有异物，立即清理出来；如无异物，继续反复进行。

胸部冲击法：此方法适用于肥胖者或孕妇，同样有立位或坐位胸部冲击法和卧位胸部冲击法两种。

立位或坐位胸部冲击法适用于意识清楚的肥胖者或孕妇。患者取立位或坐位，抢救者站在患者身后，一腿在前，插入患者两腿之间呈弓步，

施救者的拳眼要置于患者肚脐上两横指的上腹部。

　　如果用拍背法，一定要让患者尽量
弯腰，然后再拍击其背部。

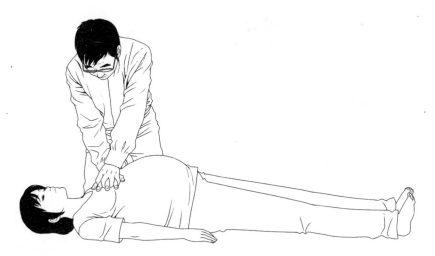

　　对意识丧失的孕妇用卧位胸部冲击法，按压部位在两乳头连线的中
点，每冲击5次，检查一次其口腔有无异物。

另一腿在后伸直；同时双臂环抱患者胸部，一手握拳，拳眼置于两乳头之间，另一手固定拳头，并突然连续用力向患者胸部的后方快速冲击，直至气道内异物排出或患者意识丧失。

为什么要把腿插在患者两腿之间呢？第一，可以起到稳定的作用；第二，如果患者的意识丧失了，可以让他坐在腿上，随即将其身体平放在地，继续抢救。这样既省力，也不会造成患者摔伤。

卧位胸部冲击法适用于意识丧失的肥胖者或孕妇。施救者跪在患者任何一侧，将一手掌根部放在两乳头连线中点，另一手重叠其上，双手十指交叉相扣，两臂基本伸直，用力垂直向下冲击。每冲击 5 次后，检查一次口腔内是否有异物。如有异物，立即清理出来；如无异物，继续反复进行。

·成人气道梗阻自救法

如果发生气道异物阻塞时，周围没有人帮助，一定要在两三分钟之

发生气道异物阻塞时，如果周围没人，用好身边的椅子、桌子，马上进行自救。

内，趁着自己意识还清楚的时候赶快自救！可以利用桌子、椅子、床头，或是比较宽的窗台，顶在脐上两指位置，仰头，把气道拉直，伸直脖子，用力冲击，把异物冲出来。

·婴幼儿气道异物梗阻处理法

婴儿气道异物梗阻处理可采用背部拍击法及胸部冲击法，一手固定婴儿头颈部，面部朝下、头低臀高；另一手掌根部连续叩击肩胛区 5 次，再将婴儿翻转成面部朝上、头低臀高位；或用食指、中指连续按压其胸骨下半部 5 次。两种方法反复交替进行，直至异物排出。

幼儿气道异物梗阻处理可采用如下方法：

施救者可以单腿跪地，或取坐位，把孩子腹部放在大腿上，头低臀高，连续用力拍击背部（两肩胛骨之间）5 次，然后检查异物是否排出，如未排出，继续拍背。如此反复进行。这个方法的原理，一是利用重力

一手固定婴儿头颈部，使其面部朝下，头低臀高，另一手掌根部连续叩击肩胛区。

的作用，二是利用振动的作用。

也可以用上腹部冲击法。施救者在患儿身后，坐在椅子上，或站立、身体下蹲，或单腿跪地上，都行。然后，用一手两三指横放在患儿肚脐上一两横指的上方，另一手的两三指重叠在上，连续向患儿的后上方冲击。

还可以用幼儿卧位上腹部冲击法（可参看"成人卧位上腹部冲击法"）。如果患儿意识丧失，立即将其身体平放在地，骑跨在患儿身体上方，一手手掌根部放在肚脐上方一两横指处，然后冲击五六次，看孩子嘴里有没有异物，没有再接着冲击五六次，如此反复。

托好婴儿，将婴儿翻转成面部朝上姿势。

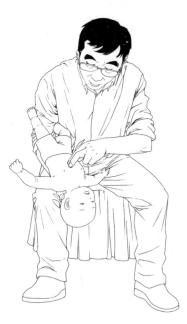

婴儿胸部冲击法，此方法可与拍背法交替进行，直至异物排出。

果冻"锁喉"：用口腔负压吸引法

　　台湾地区的一个统计显示，91.2%的气道异物都是食物，其中最多的是花生仁，还有瓜子、释迦籽、豆子、糖块、果核等，另外还有一些玩具也会导致孩子窒息，常见的有玻璃球、别针等。这些年抢救的孩子当中，气道异物还远不止这些，比如纽扣电池、钥匙、钉子、各种果核、果仁等。苹果核、梨核进入气管后，一般不至于导致死亡，要是气道进了一个荔枝核或是杏核，就很有可能要命了。另外，给孩子喂药时，如果孩子哭闹、不配合，有的家长会捏紧孩子的鼻子强行灌入，这也很可能导致药粒进入孩子的气道，很危险，家长们一定要注意。另外，孩子在嬉笑、哭泣时，不要让他饮水、进食，以免食物误入气道，引起窒息。

　　除此之外，还有的孩子喜欢往鼻孔里塞东西，有可能是花生，也有可能是玩具的小零件之类的东西。这些小东西塞进鼻子里，如果只是停留在鼻腔，赶紧抱起孩子，让孩子低着点儿头，拍一拍，也许异物就出来了，必要时，去医院请耳鼻喉科医生取出来。怕就怕异物进入孩子的鼻腔深处，然后通过后鼻孔进入气道，那就危险了。

上面说的进入气道的异物种类很多，这些都很可怕，但更可怕的是果冻！每年因为果冻进入气道导致窒息而死的孩子为数不少。

国家现在有新规定，杯形凝胶果冻杯口内径或杯口内侧最大长度应大于或等于 3.5 厘米，长杯形凝胶果冻和条形凝胶果冻内容物的长度应大于或等于 6 厘米，但很多时候，市面上仍然有小果冻在销售，让人防不胜防，一不留神，孩子就吃进了"杀人果冻"。

我遇到过这样一起事件。爸妈是开餐馆的，非常忙，平时没时间看孩子，就让孩子自己在一边玩儿。有一天，旁边用餐的人发现一旁玩的孩子脸色发青，手不停地挥舞。看到桌子上摆放着的果冻壳，旁人喊道："孩子吃果冻被噎着了。"没过两分钟，孩子就出现了窒息症状，呼吸急促、满脸青紫，急得孩子的爸爸快哭出来了。

怎么办？小小的果冻一下子难住了在场所有的人。孩子的脸色越来越难看，嘴唇憋得乌紫，两眼发直，有人试着拍背也没拍出来。后来爸妈赶紧送孩子上医院，可惜，孩子被送到医院时，已停止了呼吸——因果冻窒息而亡。

这样的事太多了，说真的，果冻进入气道很难排除，即使到医院也不好弄。大家想想，果冻是软的啊，还很大一块，就算用喉镜、气管镜或支气管镜去取，也不容易取出来，因为既不能钩出来，也不能夹出来。

果冻还有一个特点，柔软易变形。如果气管里进了一个扣子，那它就那么大，也不会变形，一般不会把气管堵死，孩子不会很快窒息死亡。但果冻的形状会变化，可能会将气道完全堵死。

如果果冻进入了孩子气道，除了前面介绍的海姆立克急救法之外，我再教大家一个独门秘籍：口腔负压吸引法。父母学会这个方法真的太重要了，我曾在新浪微博介绍过这种方法，后来分别有两位家长留言说：我就是用您这个方法救了孩子的！

首先，要把孩子的头后仰，拉直气道，否则果冻吸不出来。然后，用嘴包住孩子的嘴，捏住孩子的鼻子，用力吸，让孩子口腔内形成负压，通过负压吸引把果冻吸出来。当果冻被吸到口腔里面，把孩子的头偏向一侧，再用手指把果冻抠出来，可千万别越捅越深。果冻取出来以后，如果发现孩子没有呼吸，马上做口对口人工呼吸，就跟心肺复苏中介绍的口对口吹气是一样的。

还要特别提醒家长一点，果冻这东西没什么营养，少给孩子吃（最好别给孩子吃）。如果孩子非要吃，要尽量购买较大的果冻，防止孩子一口吞下，也可以购买"可吸果冻"，降低危险性。还可以先用勺子把果冻搅碎再吃，这样，即使进入气道，造成气道完全阻塞的可能性也会小些。另外，最好不要让幼小的孩子单独一人吃果冻，一定要有大人在旁边看护。

溺水急救：开放气道、人工呼吸、胸外按压

每到暑期，被送到急救中心的溺水的孩子总是特别多。虽然在放假前，学校都会教育孩子要注意安全，不要游野泳，但总有不听话的孩子，暑假偷偷跑到自然河、湖里去游泳，远了不说，北京什刹海几乎每年都有孩子淹死，其他天然水域也是如此。

现在多数家庭都是一个孩子，家长辛辛苦苦把孩子养大，要是因为游泳出了意外，真是太让人痛心了。家长一定要教育自己的孩子，树立安全意识。孩子想要游泳，家长一定要带他们去正规的游泳场馆，真正起到监护人的监护作用。

人为什么会溺水？不会游泳这种情况肯定有，不用多说。但有句话叫"淹死的都是会游泳的"，这些会游泳的人，甚至熟悉水性的人为什么会被淹死呢？

一是疲劳。孩子玩起来往往什么都忘了，不知不觉游泳时间就长了，人也累了，二氧化碳呼出过多，容易引起呼吸性碱中毒，这时候人就会头晕、抽搐，严重的甚至可能出现意识障碍，那就会发生溺水。

　　二是抽筋。大家对这个都很了解，由于冷水的刺激，游泳时腿抽筋了，无法顺利做出正确的游泳动作，再加上着急、慌乱、恐惧，就很容易溺水。

　　三是饥饿。这个原因在孩子中也很常见，孩子为了玩儿什么都不顾，很多都是没吃饭就去游泳了，结果，出现了低血糖、头晕，甚至意识障碍，这些也会导致孩子发生溺水。

　　另外，还有一种情况，就是疾病发作引起的溺水。这个在孩子中不太常见，比较常见的是中老年人。即便孩子没有太严重的疾病，也要注意，有癫痫、哮喘的孩子，如果要游泳，家长要特别注意看护，以防万一。除此之外，还有一个原因容易导致溺水，就是酒后游泳，这个在儿童当中很少发生，在青少年中经常出现。

　　孩子从发生溺水到死亡，也就几分钟，在这段时间里，溺水的孩子经历了极其惊恐、痛苦的过程。

　　落水后，出于求生的本能，孩子会奋力挣扎。刚开始，孩子一挣扎，头部就能露出水面，吸几口气，但很快又会沉下去。然后，孩子又挣扎着上来，再沉下去，几经挣扎就筋疲力竭了，沉下去后就再也上不来了。

　　窒息、身体缺氧，再加上刚才的挣扎和心理上的紧张，缺氧会更加严重，孩子很快就会发生严重的脑缺氧，意识逐渐丧失，接着，孩子的呼吸会完全停止，然后，心跳也停止了。如果无人施救，孩子很快就会死亡。

　　在救落水的孩子时，施救者如果水性好，可以游到孩子身后，用双手固定孩子的头部，让其头部和口鼻露出水面，采用仰泳将孩子拖上岸，或者用双手搂住孩子腋下，同样保证其头部和口鼻露出水面，将孩子拖上岸。如果不会游泳，施救者可以在周围找长的绳子、木棍儿、竹竿等，拉住一端，另一端扔给孩子，将其拉过来；如果找不到，赶快大声叫其他的人来帮忙，不能鲁莽行事。

溺水的孩子被救上来之后，要马上进行心肺复苏。

这里要注意，孩子溺水急救的心肺复苏要按照 ABC（A=Airway，B=Breathing，C=Circulation）的顺序，即开放气道→人工呼吸→胸外按压，而不是前面讲的 CAB 顺序，即胸外按压→开放气道→人工呼吸。为什么？

因为绝大多数的心脏骤停，都是心跳先停，而后呼吸停止，所以要先做胸外心脏按压；而溺水、哮喘等原因导致的心脏骤停为窒息性心脏骤停，是呼吸先停，然后心跳才停。心脏停跳是被呼吸停止连累的，所以，复苏的关键就在恢复呼吸上。当然了，在心肺复苏的同时，别忘了拨打急救电话。大家已经知道，心跳、呼吸停止的时间超过 4 ~ 6 分钟，脑组织就会发生永久性损害；超过 10 分钟，就脑死亡了，不可能被救活。但对溺水导致呼吸、心跳停止的患者，不能轻言放弃，这是为什么？有两个理由。

第一个理由——潜水反射。潜水反射表现在两个方面，第一个方面是呼吸停止后，心跳不会立即停止，而是心率减慢。心跳没停，脑部的供血就不会中断，同时，心率减慢，心肌耗氧量下降，能使心跳维持相对更长的时间。第二个方面是周围血管收缩。所谓的周围血管可以理解成皮肤、四肢的血管，或者相对不太重要的器官的血管。这些血管一收缩，血就被挤出来了，就可以流到更需要它们的地方去，以保证脑组织等重要脏器能得到相对更多的血供。

第二个理由——低温环境。低温环境可以使人体代谢率降低、耗氧量降低，从而可以使脑组织耐受相对更长时间的缺氧。

 @急救医生贾大成暖心提醒

成人、儿童及婴儿心肺复苏的操作要点比较

	成人	儿童	婴儿
胸外心脏按压位置	两乳头连线的中点		两乳头连线中点的正下方
按压手法	双手掌根部	单手掌根部	食指和中指
按压速度	儿童至少 100 ~ 120 次 / 分钟，但不超过 140 次 / 分钟；成人 100 ~ 120 次 / 分钟		
按压深度	5 ~ 6 厘米	胸壁厚度的 1/3 ~ 1/2	
人工呼吸方法	口对口吹气		口对口鼻吹气
按压 / 吹气比	30∶2	单人 30∶2，双人操作 15∶2	

警惕溺水孩子"隐藏"的颅脑、颈椎损伤

溺水的孩子被救上来以后，经过初步的抢救，可能恢复了呼吸、心跳，暂时脱离了生命危险，但这不代表就万事大吉了，家长还要注意孩子有没有外伤，尤其是颅脑、颈椎损伤。有时会发生这种情况：孩子淘气，跳水玩儿，一个猛子扎进水里，磕到了头部，导致了溺水。孩子有点儿擦伤、碰伤，哪怕骨折都不怕，就怕孩子有颅内损伤，或者颈椎损伤。

通常，孩子受伤后的 24 小时内，应该严密观察，父母要仔细观察孩子在这段时间的表现和状态，如果孩子出现下列任何一种情况，都要尽快到医院进行检查：

①哭闹 30 分钟以上，怎么安慰也没用；

②反复呕吐两次及以上；

③鼻孔或外耳道出现流血或流"水"一样的液体；

④眼眶的周围出现瘀青；

⑤出现头晕、恶心、呕吐、头疼、总想睡觉、抽搐、意识模糊，甚至昏迷不醒、说话或走路的能力下降。

如果孩子睡觉，可根据情况每两小时叫醒孩子一次，如果叫不醒，应迅速带孩子去医院诊治。

另外，我们都有这么个印象，溺水的人救上来之后要控水，甚至新闻里还有背着溺水的孩子跑圈，把孩子救活的报道。我在这里说一下，这样的孩子不背着跑也能救活，他的呼吸、心跳肯定没有停止，只是暂时丧失意识了而已。

把溺水的孩子救上来后，到底要不要给他控水？不要！为什么很多人都说要控水呢？其实，学术界对这个事也经历了几次认识的更新。

最初，大家都认为溺水的孩子被救上来后需要控水；后来，大家又认为海水溺水需要控水，淡水溺水不需要；现在，大家都一致认为一律不需要控水。

我跟大家说说不控水的理由。

第一，有一部分人的呼吸道根本就没进水。因为在呛水的一瞬间，孩子由于紧张，加上冷水刺激，声门闭锁了，这样水根本无法进去。呼吸道里没水，当然就不用控水了。这时，因为声门闭锁，孩子无法进行气体交换，同样会发生窒息。

第二，就算是水呛进孩子的呼吸道了，这部分水也可以被吸收，然后进入血液循环，用不着控出来。

第三，给孩子控水时，很有可能使分泌物进入孩子的呼吸道，反而引起窒息。

第四，控水会占用给孩子做心肺复苏的时间，得不偿失。

所以，孩子被救上来后，家长不用想着控水了，赶紧判断孩子的情况，尽快按心肺复苏法 ABC 的顺序进行施救，让孩子尽早脱离危险。

　　说到溺水，有一个情况，父母们也要提高警惕，就是孩子在自家浴缸里发生溺水的情况。我就曾经碰到过这么一次：那家有一个很大的卫生间，里面放着一个很豪华的搪瓷浴缸，上沿距离地面大约有 60 厘米高。那天，家里的大人在浴缸里放完水，因为一些事走开了，没想到，家里小孩自己跑进卫生间去玩儿了。等大人发现时，孩子已经溺死在浴缸里了，我们赶到他家也没能把孩子抢救过来。我推测那个孩子是先把一条腿跨进浴缸，在抬另一条腿时，滑倒并滚落到水中的。因为人小，当时又慌了神，没能抓到浴缸边缘站起来，肯定一会儿工夫就淹死在浴缸里面了。

　　听到这儿，有人可能会说，自己家里没有浴缸。即便没有浴缸，澡盆总有吧，给孩子洗澡总归要用吧。如果把澡盆放满水，跟浴缸是一样的道理，如果孩子跌倒，只要口鼻浸入水中，不管深浅，同样有窒息而死的危险。不光是澡盆，水桶对孩子来说也是个威胁，特别小的孩子一头扎进去，就能被淹死。所以说，做家长的千万别大意，别放一盆水搁在那儿又去干别的事。如果家里有放满水的浴缸、浴盆、水桶，家长就要特别留神，一定别让孩子离开自己的视线，免得出意外。

　　说到浴缸、浴盆，再多说几句关于盆浴放水先后顺序的问题，兑洗澡水要先放凉水，后放热水，这是非常重要的常识，千万别不当回事。我们就碰上过家长先往盆里倒上开水，人就走开去接凉水了，结果孩子一看盆里有水，一屁股坐进去，烫掉一层皮，孩子整整一夏天屁股不能着地，别提多痛苦了。

@急救医生贾大成暖心提醒

溺水抢救的注意事项

1.判断意识和呼吸情况，按 ABC（开放气道→人工呼吸→胸外按压）的顺序进行心肺复苏。

2.注意一律不用控水。

3.24 小时内孩子出现以下情况，赶紧送医院，很可能孩子出现了颅脑、颈椎等损伤：

·哭闹 30 分钟以上，怎么安慰也没用；

·反复呕吐两次及以上；

·鼻孔或外耳道出现流血或流"水"一样的液体；

·眼眶周围出现瘀青；

·出现头晕、恶心、呕吐、头疼、总想睡觉、抽搐、意识模糊，甚至昏迷不醒、说话或走路的能力下降。

如果孩子睡着，可根据情况每两小时叫醒孩子一次，如果叫不醒，也应迅速带孩子去医院诊治。

急性一氧化碳中毒的急救：
防止呕吐所致窒息最重要

　　早些年，到了冬天，家家都生煤火炉子，我们时常去抢救一氧化碳中毒的患者，记得最严重的一次死了 10 多个人。这几十年北京都用暖气取暖了，生炉子的家庭少了，急性一氧化碳中毒也少多了，但是燃气热水器安装或使用不正确，也可导致一氧化碳中毒。记得有一次，我们到达事发现场的时候，母亲和孩子都已经死亡了，究其原因，母亲用煤气热水器给孩子洗澡，门窗没有打开，结果酿成了悲剧。

　　如果家里住的是平房，还需要生炉子，那可一定得注意家里的烟道千万别堵了。那么，如果发现有人一氧化碳中毒了怎么办？

　　首先，施救者要放低身体姿势进入现场，因为一氧化碳比空气轻，正好处在人的呼吸带，如果以站姿进入现场，会吸进去更多的毒气，更加危险。进入现场之后，赶快开窗对流通风，然后把患者移到室外。如果是轻度的一氧化碳中毒，通过呼吸新鲜空气，患者往往很快就能恢复。当然了，如果大冬天在外面，肯定得注意保暖，要不然冻病了就麻烦了。

对于已经昏迷的患者，首先要确保其气道通畅，防止因呕吐导致的窒息，可以取"稳定侧卧位"，并立刻拨打急救电话120，尽快去医院，进行高压氧治疗。

关于急性一氧化碳中毒的急救，民间有一些土方法，基本上都是帮倒忙的，不能乱用。被普遍使用的方法如灌醋、灌酸菜汤等，一是对缓解一氧化碳中毒毫无作用，二是容易造成患者窒息。

还有一种土方法，是让一氧化碳中毒的患者冻着，这就更不可信了。前面说了，不但不能冻着，还得保暖。一氧化碳中毒后，患者本来身体就虚弱，抵抗力就差，大冬天的，还让患者在外面冻着，很容易发生肺炎。

误食生活用品：是否催吐要分情况

孩子误服药物、毒物、清洁用品的事，时有发生，尤其是药品，很多药片外面包着糖衣，孩子舔一舔，发现是甜的，就当糖豆吃了，结果出了事儿。还有的家长把农药装在雪碧瓶子里，孩子不知道里面是什么，打开就喝了一口。还有不太常见的，孩子把工业用的亚硝酸盐当食盐吃了的。

发现孩子误食了药物、毒物，首先要看看孩子意识是不是清醒，如果意识清醒，问他问题知道答应，那就赶快催吐。具体怎么操作呢？

先让孩子喝 300 毫升左右的水，喝完以后，再用牙刷柄之类的不尖锐的东西刺激他的舌根，就是咽部，引起呕吐，让孩子把刚才喝的水连同胃里的药物、毒物一起吐出来。吐完以后，再喝水，再吐出来，反复几次。这样做，也叫"口服洗胃"，跟去医院洗胃的道理是一样的。

催吐有 3 个注意事项：

一是喝水的量要根据孩子的体重来，成人通常是 300 毫升，如果是比较小的孩子，那就少喝点，跟他平时喝一顿奶的量差不多就行，要不然太多水一下子灌下去，胃内压力高了，反而会促使毒物进入肠道，不利于毒物的排出。

二是孩子喝进去多少要让他吐出来多少，千万别喝进去 300 毫升，吐出来 200 毫升，剩下的那 100 毫升可就留在胃肠道里被吸收啦！

三是吐出来的东西要留起来，最好让孩子直接吐在玻璃瓶里，去医院的时候带着，方便医生做毒物鉴定。

另外还要注意，最好喝接近体温的水，别太冷也别太热。水温过高，胃肠黏膜上的毛细血管就会扩张，反而促进了毒物的吸收。水温过低，胃受到刺激，就会收缩，导致胃内压升高，促进毒物进入肠道，同样会使毒物更容易被身体吸收；另外，胃黏膜皱襞一收缩，毒物就夹在里面了，就不容易洗干净了。

给孩子催吐之后，要赶快送医院。

如果孩子意识不清，那就不要催吐了，否则会导致孩子误吸窒息，这时只能拨打急救电话，尽快送孩子去医院。

孩子中毒被送医院了，医生会怎么处理呢？最理想的方法是用特效解毒药解毒，比如亚硝酸盐中毒用亚甲蓝，有机磷中毒用解磷定等，但这种有特效解毒药的毕竟只是少数，大部分中毒都是对症支持治疗，其中很重要的一项就是洗胃。一般孩子在中毒 6 小时以内，都应该洗胃，超过 6 小时，毒物基本上已经全都被吸收了，就没必要洗胃了。

在医院里洗胃时，如果孩子意识清醒，要注意让他经常变换体位，一会儿左侧卧位，一会儿右侧卧位，一会儿俯卧位，这样就能够把胃里各个地方都洗到。

还要提醒一句，很多孩子农药中毒，农药不是喝进去的，而是通过皮肤接触，被皮肤吸收的。如果孩子不小心接触了农药等毒物，应该赶快把他的衣服脱掉，用与体温接近的温水擦拭冲洗，减少皮肤对药物的吸收。

另外，除了药品，家里的洗涤用品、清洁用品，也经常被孩子误食。

过去家里消毒都用来苏水，来苏水的颜色跟咳嗽糖浆一样。我遇到过一个病例，有一家的孩子咳嗽，孩子的奶奶之前是喂孩子喝咳嗽糖浆。有一天，这个孩子拿了一瓶来苏水，奶奶也没仔细看，就把它当咳嗽糖浆喂给孩子喝了。来苏水是有腐蚀性的，后来，那个孩子的口腔和食道全都被烧坏了。

现在每家都有洁厕灵、84 消毒液之类的洗涤用品，这些都属于强碱性物质，都是有强腐蚀性的，千万别让孩子碰，更不能用饮料瓶来装这些危险品。因为把盐酸、消毒水等装在饮料瓶里而被孩子误食的情况，年年都会发生很多起，非常令人痛心。

如果孩子误服了洗衣液等弱碱性或中性洗涤剂，这些溶液没有太大的毒性，孩子喝得不多，一般没什么影响的，催吐，让孩子呕吐出来就可以了；如果量比较多，而且孩子的症状反应严重，就要尽快去医院，一般也没有多大影响，多给孩子喝水，增加尿量，排出来就好了。

如果孩子不小心喝了碘酒或来苏水等有强烈刺激和腐蚀作用的药物，立即让孩子口服稠米汤或面糊等含淀粉的液体，减轻对胃黏膜的损伤；如果孩子喝的是洁厕灵等碱性很强的毒物，立即让孩子喝醋、柠檬汁、橘子汁等来弱化碱性。如果是酸性很强的毒物，如浓盐酸消毒液等，尽快让孩子喝苏打水、肥皂水来中和酸性。这里要特别强调，如果孩子误服了强酸、强碱性毒物，千万不要催吐，否则会给孩子的消化道带来二次损伤。家庭基本处理完后，尽快送孩子去医院进行救治。

　　所以，为了安全起见，家长千万不要把药品、清洁剂等非食用性的液体放在孩子容易拿到的地方，更不能装在食品容器里，一定要放在孩子够不到的地方，最好集中锁起来，使用的时候再拿出来，避免孩子误服。

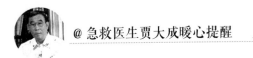

@急救医生贾大成暖心提醒

孩子误食，催吐的注意事项

　　1. 喝水的量要根据孩子的体重来，成人通常是 300 毫升，比较小的孩子，少喝点，跟他平时喝一顿奶的量差不多就行；

　　2. 孩子喝进去多少就要让他吐出来多少；

　　3. 吐出来的东西要留起来，最好让孩子直接吐在玻璃瓶里，去医院的时候带着，方便医生做毒物鉴定；

　　4. 最好喝接近体温的水，水温过高或过低，都会促进毒物被身体吸收。

警惕家里的"小物"变"大患"

很多时候，为了防止孩子被扎伤、划伤，家长都比较小心，家里的锐器，像刀子、剪子，一般都会放在孩子够不着的地方。但是有一个细节，很多家长都忽略了，那就是喝水、吃饭使用的杯子和碗。

很多家庭习惯用玻璃杯、陶瓷碗，这种器皿，万一掉地上摔碎了，很容易扎伤孩子，因为被玻璃碴扎伤而来急救的孩子我们遇到过不少。对于孩子，家长最好还是给他们用不锈钢的碗和杯子，就算掉地上了，也摔不碎。对于筷子、牙签这些小东西，也要跟孩子强调它们的危险性，不要让孩子拿在手里玩，否则扎到孩子的眼睛，可不是闹着玩的。

另外，孩子们做游戏的时候，父母也要注意他们的安全，尤其是男孩子，他们喜欢"打仗"，手持各种"兵器"，互相击打，往往容易乐极生悲。孩子大多喜欢奔跑、跳跃，还有的孩子会爬墙、上房、爬树，很容易摔倒，甚至摔伤。另外，上体育课也容易出事儿，要让孩子听从老师的教导，遵守课堂纪律，遵循运动规律。

根据我的实际经验和一些资料，以下这 10 类玩具危险系数比较大，家长最好不要给孩子玩儿，或者让孩子在自己的看护下玩儿。

①弹射玩具，如有子弹的玩具枪，杀伤力很大。

②带绳的玩具，如溜溜球，容易缠在孩子的手指或脖子上，轻则指端缺血坏死，重则窒息。

③面具，长时间佩戴容易造成大脑缺氧，使孩子头晕、眼花。

④气球，气球爆炸容易给孩子造成伤害，尤其是氢气球还会引起剧烈燃烧。

⑤体积较小的玩具，如小积木等，容易误食，成为气道异物。

⑥金属制玩具，含铅，有毒。

⑦不光滑的玩具，容易划伤孩子。

⑧儿童玩具车，容易导致孩子跌落受伤。

⑨音乐玩具，劣质音乐会损害孩子的听力。

⑩毛绒玩具，毛绒易导致孩子呼吸道感染、支气管痉挛、咳嗽、哮喘等，部分孩子会出现湿疹、皮肤过敏。

另外，家里的一些小电器也要注意，比如接线板。它就是一个引起触电的安全隐患，有孩子的家庭一定要注意，尽量把接线板固定在孩子摸不到或看不到的地方，不要放在有水的地方；定期更换，不要让它们超期"服役"，千万别为了省点儿钱，拿生命开玩笑；不用的时候最好拔下来放好，下次用的时候再接上。

如果发现孩子触电了，家长首先要做什么？让孩子脱离电源。怎么脱离？用手拉？肯定不行，家长也会跟着触电的。经常看到这样的报道，家里一个人触电了，第二个人去拉，也触电了，第三个人又拉，又触电了，结果一家人一串触电的。这可不是杜撰。

发现孩子触电，直接伸手拉是万万使不得的，即使是救人心切，家长也要讲求正确的方式、方法。这个时候，应选择最好也是最省事的办法——拉闸断电。

现在，一般家里都有配电箱，俗称"闸盒"，发现孩子触电了，家长要赶紧奔向闸盒，把所有的闸都拉了。家里没电了，孩子自然就脱离电源了，这时候再去把孩子移开。如果没法拉闸，家长也可以用绝缘的东西，比如木棍、木板、绳索、衣物等，但必须是干燥的，来拉开触电的孩子或者挑开电线。

孩子脱离电源后，家长要马上检查一下孩子的状况。一般来说，家用电触电，通常会有两种状况：一是什么事也没有，孩子就是感觉麻了一下；另一种就是心跳骤停，孩子失去了意识。

如果孩子什么事也没有，那当然最好。但也要注意细心观察孩子一段时间，因为在 24 ~ 48 小时之间，孩子有可能出现迟发型反应，导致心跳骤停。比如，有的孩子触电后，外表看起来挺正常，但会感觉头晕、心慌，这个时候要尽快带孩子上医院检查一下，很可能有心肌损伤。

如果孩子出现了心跳骤停，应该立即给孩子进行心肺复苏，同时拨打急救电话。有一点特别要注意，有的孩子触电后，会表现出一种心脏、呼吸都极其微弱的"假死状态"，有的孩子是呼吸停止，心跳还存在；有的是心跳停止，呼吸存在；还有的孩子可能心跳和呼吸都存在，但两者都十分微弱。这时候，千万别以为人死了，就放弃急救了。另外，有的孩子触电后会出现身体强直，千万别以为是尸体僵硬了就放弃急救。当然，也有极少数，会发生电击伤，属于烧伤，应该赶快送到有烧伤科的医院进行治疗。

　　另外，很多人喜欢在屋里、阳台、庭院养很多花花草草。如果有了孩子，也要格外注意，因为有的植物含有一些特殊的物质，被孕妇或孩子吸入以后，会产生不良影响，这样的植物就不要在家里放了，免得弄伤或毒害孩子。如水仙、含羞草、夹竹桃、郁金香、一品红等都或多或少含有毒性，不适合有孩子的家庭养。

　　无论是家里的一些小物品、小器件，还是小花小草等，家长们一定要安装、放置得当，避免给孩子增加隐秘的生命危险。

外出旅行，孩子不能远离家长视线

现在很多人都有私家车了，经常一家人开车出去玩儿，但我想提醒大家的是，大人下车后，千万别把孩子单独留在车里面。

我遇到过这样一件事。一对年轻夫妇，把车停在马路边，没熄火，把孩子搁车里头，就上路边的小店买东西去了。后来，孩子把头从车窗伸出去玩儿，一不小心按到车窗按钮了，自动窗就升起来了，把孩子脑袋给夹住了。幸好旁边走过来两个年轻人，赶紧把手伸进去，把车窗降了下来。这个孩子也不知是夹疼了，还是吓坏了，父母回来后一直在哭，停不下来。他的父母怕有什么危险，就打急救电话把我们喊去了，我们到了以后，给孩子检查了一下，还好没什么大问题。这个孩子真是命大，要是当时没那两个年轻人路过，后果就不堪设想了。

有人说车窗不都是自动的吗？不是人一碰它自己就会降下来吗？大家还真别信这个，我看过电视台专门做的实验，用莴笋或者黄瓜试车窗的自动降落功能，结果很多车根本没这个功能，而且车窗特别锋利，一下子就把这些东西给夹断了。我还看到过孩子被车窗夹死的报道，多危险,家长可得注意了。

另外,有些家长把车停路边,熄了火,把孩子反锁在车里,这更不可取。因为车是一个相对密闭的空间,氧气很快就会不足,如果天气炎热,车里会更热,孩子很快就会中暑,严重的会昏迷,甚至死亡。

说到开车,还有几点安全问题不得不提。千万不能抱着孩子坐在汽车座位上。一个 16 公斤重的孩子在时速 70 公里的时候,相当于一个 280 公斤的物体,一般人根本抱不住,这时第一个被甩出去的就是孩子,而且孩子的颈椎最容易被伤到;坐在时速 40 公里的车上,颈部的承受力高达上千公斤,孩子的脖子会瞬间被扭断!另外,也不能让孩子单独系成人安全带坐在副驾驶座上,因为在快速撞击下,成人安全带会割伤孩子颈部,或造成孩子窒息!也不能让孩子随意在后排座位上爬动,一旦车发生侧翻或者急刹车,很容易把孩子甩出去!

那到底应该如何放置孩子呢?应该给孩子配备专门的安全座椅,并且把孩子安置在后排。如果孩子不到 4 岁,安全座椅要背靠前进方向放置,大点儿的孩子就可以朝前放置了。

家长带孩子出去,必须要看紧孩子,别让孩子到处乱走,以免发生危险。

有一次,一对父母带孩子去野外旅游,孩子活泼好动,就到处跑。后来,父母一个疏忽,仅 2 分钟没看好孩子,孩子竟然爬上树了,随后一个不小心,从树上摔了下来,前臂骨折,当时痛得哇哇大哭。幸好附近有个人学过包扎、固定,对孩子进行初步处理,随后送进了急救中心。

说到这儿,我要提醒一下,我们经常会听到"正骨复位"这样的词,也经常在电视里看到一些所谓给骨骼复位的场面。但是,如果家里的孩子受伤骨折了,千万不要试图给他复位,因为很可能会加重损伤。家长可以用手边的材料给孩子做好固定，然后赶紧送医院，其他的事情都交由医生来处理。另外，孩子骨骼发育不完全，很容易脱臼，甚至有的时候大人拉着上下台阶，或者早晨起来大人给孩子穿衣裳，一拉胳膊，就脱臼了，这在医学上叫"小儿桡骨头半脱位"。对于胳膊脱臼，大家可能见过医生往上一托，关节就复位了，孩子的胳膊就没事了，似乎很轻松。但实际上，医生这手上的功夫也不是一天两天练出来的，家长可千万别给孩子瞎试。

另外，有的孩子在野外玩的时候，很可能因为绊倒撞到牙齿，导致牙齿脱落，应马上找到脱落的牙齿，争取牙齿再植成功。

如果脱落的牙齿已经脏了，可以用生理盐水轻轻冲洗，冲洗时捏住牙冠不要捏牙根，绝不能用手或布擦洗牙根。脱落的牙齿也不能用纸、干布或棉花包裹，以免损伤牙周膜组织。

洗净的牙齿应尽快放回牙槽窝里，保持原位，并及时去医院。如不能立即复位，应防止牙齿干燥，可将牙齿放入新鲜的冷牛奶或生理盐水中，或将牙齿含放在舌下，使牙齿有适宜的温度及保持牙齿表面的湿润，这是牙齿再植成功的条件之一。为避免幼小的孩子误将牙齿吞入气道造成窒息，家长可放在自己的舌下保存。

如能在半小时内进行复位，成功率就能达到90％以上；反之，脱落的牙齿在口腔外两个小时以上，再植成功率会大大降低，成功率不足10％。为了孩子的安全，家长在带孩子外出旅游时，一定不能让孩子离开自己的视线，也不能让孩子离得太远，否则很容易出问题，例如孩子坠落摔伤、触电、溺水、被蛇虫咬伤、擦伤、扭伤等，父母千万不可大意。如果遇到，可以按前面讲到的相关急救方法进行处理。

咬伤急救：结扎伤肢，尽快去医院

外出旅行期间，家长要看好孩子，除了不能让孩子离自己太远以外，还有一个情况需格外留心，那就是孩子很可能被隐藏在草丛、灌木丛等处的蛇咬伤，几乎每年都有这样的事例发生。所以，带孩子外出旅游，一方面应该尽量选择安全的路线，另一方面，家长应该掌握毒蛇咬伤必要的急救知识。

如果孩子被蛇咬了，家长应该先判断一下蛇是毒蛇还是无毒的蛇。一般来说，头部呈三角形的蛇是毒蛇，头部呈椭圆形的蛇是无毒蛇；尾部较粗的蛇是毒蛇，尾部较细的蛇是无毒蛇；身上色彩、花纹鲜艳的蛇是毒蛇，身上色彩不鲜艳的蛇是无毒蛇；一张嘴有两个大钩子一样的毒牙的蛇是毒蛇，一张嘴没有毒牙的蛇是无毒蛇。如果没有观察到这些特征，应该观察蛇的咬痕，也就是说如果伤口上有两个大而深的牙印，就是毒蛇咬的，如果只是细密的牙印，就是无毒蛇咬的。当然了，这是绝大多数情况，也有例外。

毒蛇的毒素有两种，一种是血液毒，主要引起严重的局部症状，疼痛比较严重，最后会造成出血、肾功能衰竭、心肌损伤而致人死亡；另一种是神经毒，引起的局部症状比较轻，但全身症状比较重，如被咬的孩子会出现昏迷等。有的毒蛇只有一种毒素，有的两种都有。

如果难以判断是不是被毒蛇咬伤，都按照毒蛇咬伤处理。当然了，即使很肯定不是毒蛇咬伤，也不要掉以轻心，应该尽快去医院注射破伤风抗毒素。

如果发现孩子被毒蛇咬伤了，家长应该怎么办呢？

首先让孩子坐下来，不要动，把手上肢体放低。因为活动会促进血液循环，加速毒素的扩散。然后，在伤口的近心端距离伤口5厘米的地方用止血带结扎肢体，松紧度以能放进去一根手指为宜，做完这些，就赶紧把孩子送去医院，请专业的医生救治。在送往医院的路上，每30分钟松一次止血带，每次松一两分钟。

看到这儿，有的读者可能会说："不对呀，贾大夫，我看电视里演的、书上写的，还好多步骤呢，什么用嘴吸毒啦，切开伤口啦，好多措施呢，您怎么都没讲啊？"不是我不讲，而是这些步骤没必要做，做了还可能会加重损伤。

根据最新的急救指南，这些措施带来的好处都很小，如果操作不当，反而会带来一些危害。比如吸蛇毒，无论用嘴吸也好，用负压吸引也好，吸出的毒素量都极少，而且还会加重伤口的损伤，并且，如果是用嘴吸毒，还有可能造成施救者中毒。至于切开伤口，一般人大都不能正确操作，反而会增加感染的危险。而挤压伤口排毒，手法不当很容易促进毒素扩散。所以说，多做无益，做好最基本的结扎，就赶快将孩子送往医院接受专业救治吧。

除了蛇虫一类的动物咬伤外，被家里的宠物咬伤也很常见。

现在很多人家里喜欢养宠物，如养狗、养猫，还有养仓鼠、养乌龟的。对空巢老人、没孩子的年轻夫妻或者单身人士来说，养点宠物挺好的，感情上也是个寄托。但如果家里有孩子，尤其是孩子还比较小，家长就要注意了，一个不小心，孩子很可能被咬伤、抓伤，这个时候怎么办？

如果孩子被宠物咬伤或抓伤，家长应该马上用流动的凉水给孩子彻底冲洗伤口，至少要连续冲洗 20 分钟，用肥皂水最好。冲洗的同时，可以用双手挤压伤口四周，帮助把伤口中的病菌最大程度给挤出来。对于皮肤比较丰厚的部位，也可以先用拔火罐将病菌吸出来，再用流动的凉水进行彻底冲洗。

伤口冲洗后，可以用酒精、碘酒、碘伏等进行消毒，因为伤口不只有狂犬病毒，还可能有诸如破伤风杆菌等病菌；处理后，不用包扎、不用上药，赶紧带孩子去医院。另外，无论宠物是否打过狂犬病疫苗，孩子被咬伤或抓伤后，最好都去医院打狂犬病疫苗，因为虽然宠物没有狂犬病，但不代表它们没有携带狂犬病毒。尤其是孩子被咬破或抓破了，更要尽快打疫苗，否则很危险。

狂犬病的发病率虽然比较低，但是一旦发病，死亡率是百分之百，所以，孩子被宠物咬伤后，为了以防万一，最好尽快到医院打狂犬病疫苗。

在这里，还要提醒一下，宠物可以养，但要注意警惕宠物可能会对孩子造成的伤害，还要确保宠物的免疫、驱虫等工作，经常给宠物洗澡、修剪指甲等，这对保护孩子及他人来说都是很重要的。

@急救医生贾大成暖心提醒

被蛇咬伤，如何区分毒蛇和无毒蛇？

	毒蛇	无毒蛇
看头部	多呈三角形（金环蛇、银环蛇除外）	多呈椭圆形
看尾巴	较粗短	较细长
看身体色彩花纹	较鲜明	不鲜明
看牙痕	常有两个大而深的牙痕	一般只留下 2 ~ 4 行均匀细小的牙痕

被毒蛇咬伤后，先让伤者坐下来，不要动，把手上肢体放低。在伤口的近心端距离伤口 5 厘米处用止血带结扎，松紧度以能放进一根手指为宜，然后赶紧去医院。不要用嘴吸蛇毒，因为很有可能加重伤口损伤，还可能造成施救者中毒。

第五章
CHAPTER FIVE

遭遇外伤，
急救方法信手拈来

急救意识能救人，别怕"小题大做"

多年前的一天，北京急救中心接到一个电话，说国际机床展览会上有个外国人受伤了，让我们赶紧过去。到了现场，只见一个身材高大的外国人倒在地上，从他的表情看不出什么痛苦，他双眼还瞅着我们，意识很清醒，但一动不动。旁边的人告诉我，这个外国人是丹麦的一个厂商代表，之前在做机床操作演示的过程中，不料刀具突然飞了出来，好在他反应极快，连忙闪躲，没有被刀具击中，但没站稳，就一下子摔在了地上，之后就一直在地上躺着。

我让翻译问他："这么半天了，怎么还不起来啊？"

翻译把我的话告诉他后，当时他说了一句让我很震惊的话："医生让我起来我才起来呢。"因为我从来没听一个中国人这么说过。从他的一句话可以看出，外国人对医生的信任，当然这种做法也是一种科学的做法，如果一个人真的已经受伤了，在不明伤情的情况下，随意活动很可能加重损伤。

我马上为他从头到脚检查了一遍，没有发现任何问题。我问他："现在感觉怎么样？"

他说："没有什么不好的感觉。"

我又问："你能不能自己站起来？"

他反问："你是医生吗？"

当翻译告诉他，我是北京急救中心的医生时，他才站了起来。

这件事对我触动比较大，外国人从小接受急救教育，有这种意识，但我们中国人却很少有这种意识。如果是我们自己摔倒了，大部分人肯定会想，又没摔坏，肯定没什么问题，马上就爬起来了，绝不可能躺在地上，还保持一个姿势那么久。在围观的中国人看来，那个外国人的行为多少有些小题大做，甚至有点儿"傻"，但究竟是不是真的紧张过头了呢？事实上，真正"傻"的是我们，听一听下面的故事，大家心里也许就有数了。

有一天，一辆公交车在路上开得好好的，突然前面一辆自行车猛地从自行车道拐进了机动车道。在这紧急关头，对面正巧有一辆大轿车，司机不能向左打方向，只能急刹车。万幸的是，公交车在自行车后面不到半米的距离处停下来了，但是这一脚油门踩得突然，力度又大，后面站着的一些乘客由于惯性，一下子就冲到前面来了，有个 50 岁左右的人一下子就摔倒了，他马上又爬了起来。司机回头问："有受伤的没有？"大家都说没有，那个摔倒的人也说没事儿。司机也顾不上许多，骂了骑自行车的几句，继续开车走了。

没想到的是，公交车刚开没几分钟，刚摔倒的那个人开始出现腹痛、腹胀，突然瘫软在地，面色苍白、冷汗直流。司机一看，吓坏了，连忙把车停在路边，拨打了急救电话 120。

我们到了现场，登上公交车后，一看，那个患者蜷缩侧卧在地，面色苍白，是急性贫血貌，典型的出血性休克的表现。司机在旁边十分紧张，赶紧解释之前的情况。我边听他叙述病情，边检查患者的腹部：按压患者腹部，疼痛加重，按压下去后突然抬手，疼痛也加重；患者腹部摸上去感觉硬邦邦的，肌肉很紧张（"压痛、反跳痛、腹肌紧张"是"腹膜刺激征"的三大表现），再一量血压，60/40毫米汞柱。

结合患者的受伤史及腹膜刺激征、休克的表现，其腹腔脏器肯定出血了。于是，我马上给患者建立了两条静脉通道，快速补充血容量，并立刻就近送往北京积水潭医院，进一步诊断、救治。

过了两天，我又到积水潭医院送患者，见到上次接诊的外科医生，我问起了那个休克的患者，外科医生告诉我："贾大夫，您上次送来的那个腹腔出血的患者，来了之后很快就进行了腹腔探查，结果是肠系膜动脉断裂大出血。手术结扎止血、输血、抗休克。幸亏来得早，救过来了。"

好好的肠系膜动脉是怎么断裂的呢？就是刹车时，整个人由于惯性突然冲到前面，肠系膜动脉受到猛然、强烈的牵拉，被拉断了。这就是当时没有立即出现症状的典型的隐蔽伤，很容易被人忽视。

听了上面这个故事，很多人就不会嘲笑上面那个丹麦人"小题大做"了。就是这些在咱们看起来有点儿小题大做、虚张声势的事儿，却是不无道理的。还是那句话，"宁可信其有，不可信其无"，关键时候能保住一条命。

那个丹麦人是个很好的例子，人家在急救这方面的确比我们做的要好得多，值得我们学习。

受伤别乱动，没有外伤不代表没有伤

武侠小说里常常有这样的描述：某内功十分厉害的大侠用力拍出一掌，掌风强劲凌厉，结果，被打的人表面上看上去没有任何损伤，但没过一会儿，突然喷出一口血，倒地而亡，原来是被大侠的内力"震碎"了五脏六腑。

当然，在现实生活中，是不可能遇到这样的"武林高手"的，但从医学的角度来看，有没有类似的这么玄乎的事儿呢？有。

我认识一个中学老师，有一次他们学校组织老师去山里旅游，下山时，大巴车的刹车失灵了，车翻滚到了山下，一车人从车窗里被重重甩了出来。当时车上 60 多人，当场就死了十几个，这属于重大事故。

其中，有位老师被抛出车外后，爬了起来，伸展了一下自己的四肢，感觉好像没什么大问题，身上也没有外伤，就没有多想。这人很善良，马上开始四处帮助别人脱离危险。忙了半个多小时，急救车来了，他松了口气，一下子坐在地上，打算歇一下。结果这一歇不要紧，他的脸色瞬间变得像白纸一样，倒下后再也没有起来，就这么死了。后来，他被拉去医院进行检查，死因竟然是内脏受伤导致的慢性出血。当时，如果他不四处乱动，也许能减轻受伤的程度，没准儿送到医院还有救。

人，是血肉之躯，巨大的外界暴力作用于人体，很有可能把内脏"震碎"。这种由于强大的外界暴力导致"内伤"的病例，大多发生在交通事故中。发生交通事故的时候，很多人由于所受的外力大，往往伤势严重，伤情复杂，而且经常是造成多器官、多部位的损伤。更要命的是，这种"内伤"有较强的隐蔽性，当下不容易被发现，极易延误就医的时间，或者伤者自己贸然活动，加重了内脏出血，过后就追悔莫及了。

那该如何分辨伤者是外出血、内出血，还是皮下出血呢？也非常简单：

一般被利器所伤的，比如被刀砍伤，血液通过破损的皮肤、黏膜流出来，肯定就是外出血。

如果上腹部被打了一拳或被踢了一脚，结果脾破裂出血了，那就是典型的内出血。

皮下出血可以见到受伤的局部出现青紫、肿胀。内出血和皮下出血在皮肤表面都看不见血液流出。

内出血和外出血相比，哪个更危险？一般人都会觉得外出血更危险，因为大家直观的印象是，一般死在现场的伤者，基本上都是外出血，而像颅内出血、肝脾破裂等内出血的患者，往往都来得及被送往医院。

而事实上在医生看来，内出血比外出血更危险、更难处理。对于外出血，如金属刀具刺伤、割伤，或者是被动物咬伤的出血等，要比内出血的处理容易得多，不用说医生，即使一个人不是医生，通过简单的学习，也能自己处理。而内出血比较难处理，在医院外面几乎是没有办法处理的，比如肝破裂出血，就算把中国最棒的肝胆外科医生叫过去，也不可能马上在大街上做手术。一般地，如果判断伤者是内出血，就不要搬动他，也别让他乱动，避免加重出血，也不要给伤者喝水，以免手术时导致其发生呕吐，造成窒息，静静等待救护车的到来即可。

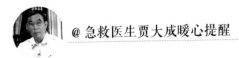

@ 急救医生贾大成暖心提醒

如何分辨外出血、内出血与皮下出血？

外出血	内出血	皮下出血
一般被利器所伤的，比如被刀砍伤，血液通过破损的皮肤、黏膜流出来即是外出血	外界暴力作用于人体后，深部组织器官损伤，血液未通过破损的皮肤黏膜流出，如肝脾破裂等，在皮肤表面看不见血液流出	受伤的局部会出现青紫、肿胀，同内出血一样，皮下出血在皮肤表面都看不见血液流出

动脉大出血：用力压！

窒息、大出血和内脏严重损毁是早期死亡最主要的三个原因。窒息的原因不同，处理的方法不同，处理的难度也不同；对于内脏严重损毁，一般在现场是无能为力的，只能尽快到医院进行抢救；对于大出血来说，及时、有效的止血，往往是决定救治成败的重要环节，而止血是一般人通过学习能够很快学会并运用的，在日常生活中最有实用性。

人体的血量一般占自身体重的 7% ~ 8%，一般按 8% 计算。比如，一个人的体重是 50 公斤，那么他的全身有 4000 毫升的血液。当出血量达到全身总血量的 20% 的时候，人就会发生休克。当出血量达到全身总血量的 40% 的时候，就会迅速危及生命。所以，现场及时、有效的止血，是挽救生命时最重要的一步。

20 世纪 80 年代中期的一个冬天的傍晚，天色已晚，漫天刮着"黄风"，就是现在说的沙尘暴，风特别大，卷着土，让人睁不开眼。下班后，我顺路到位于八面槽的外文书店去看书，把自行车停在了书店门口，这期间自行车被风刮倒了好几次，我也出来扶了几次。后来，等我看完书出来，正准备推车走时，突然看见马路对面卖录音机的商店上方，一块护窗板从高处垂直落下，正好砸在一个经过的 30 多岁的妇女的头上，人当时就躺下了，血喷了一米多高：这一切不过是瞬间发生的事。

我立刻把自行车丢在路边，马上冲到马路对面。这时，受伤的妇女已经昏迷，被路过的行人抱住，但鲜血还在喷射。我迅速从兜里掏出一块干净的大手绢儿，折叠了几下，一手用手绢儿用力压住受伤妇女正在喷血的伤口，另一只手的拇指压在伤侧的颞浅动脉的部位，喷泉般的出血立刻被制止住了。

此时，又有几位路人伸出援手，拦了一辆"小蹦蹦"，几个人齐心协力把受伤的妇女抱上了车，又都跟着上了车。

在去北京协和医院的途中，我隔着手绢儿摸了摸伤者受伤的部位，发现右侧头顶部颅骨凹陷骨折。

送完伤员，我走回外文书店门口取自行车，居然有一位 60 多岁的老人坐在一旁对我说："小伙子，这是你的车吧？光顾着救人了，忘了锁车了吧？我在这儿给你看着呐。"我当时特感动，天这么冷、风这么大，一位双鬓斑白的老人居然还在给我看着车。再想想现在，连老人跌倒扶不扶都要讨论，唉……

第二天，我正好往协和医院送一个病人，顺便问了问昨天那个受伤妇女的情况，值班的护士说："昨天那个女患者颅骨凹陷骨折、大出血，幸亏有几个好心人把她及时送到医院，听说正好有个急救站的大夫下班路过赶上了，及时采取了止血措施。已经救过来了。"

如果当时没有人帮她压住伤口止血，估计很快就会发生休克而危及生命了。动脉出血，颜色鲜红，血液从近端伤口呈搏动性喷射而出，危险性大；静脉出血，颜色暗红，血液从远端伤口持续涌出，相对动脉出血危险性小。但大静脉断裂，同样十分危险。

简单地说，只要见到血是喷出来的，肯定有动脉破裂出血。还有一种是毛细血管出血，就是外表擦破点儿皮，血是渗出来的，一般生活中遇到的小擦伤都是毛细血管出血，没有危险，大家都能自行解决，这里就不多说了。

无论是什么血管破裂出血，通常都可以采用直接压迫出血部位的止血方法，这是现场急救中应用机会最多、最易掌握、最快捷、最有效的即刻止血法。可用于动脉、静脉、毛细血管出血。伤口先覆盖上敷料、手帕等材料，然后用手指或手掌直接用力压迫，一般数分钟后，出血就可以停止，然后加压包扎。

动脉出血还可以用指压止血法。指压止血法对于普通人来说，掌握难度比较大，但它在实际应用中的效果还是比较好的。比如，上肢的动脉断了，喷出血来了，用拇指压迫出血血管的近端（离心脏近的叫近端，离心脏远的叫远端），使血管被压闭塞，血流就中断了，就能达到止血的目的。

那有人就会问了："像上面那位女士大出血那么汹涌，用指压止血法还有用吗？"其实，对于头部出血，眉毛以上的前额部、头顶部及两侧的颞部动脉破裂出血，都可以压迫颞浅动脉而达到当即止血的目的。但枕部动脉出血，应该压迫枕动脉来达到止血的效果。

那其他部位的大出血又该压哪里呢？

对于这个问题，如果我面对面给大家讲，大家就能很清楚地知道各个止血点的位置。但是对于普通人来说，在紧急状况下，要又快又准地

颞浅动脉在双侧耳屏前上方的凹陷处，有脉搏搏动。

找到止血点不太容易，只要掌握以下止血压迫的大原则即可。如果有人下肢动脉大出血，我们可以用自己的拳头直接用力压迫大腿根部，这就是股动脉近心端的位置。如果是小腿动脉破裂出血呢？小腿受伤既可以压股动脉，也可以压腘动脉。腘动脉在小腿与大腿的连接处，膝盖的后面。类似地，如果是上肢受伤就压胳膊的根部，也可以用拇指按压锁骨下动脉。这个动脉知道的人很少，但是如果胳膊被刀伤了，手被刀伤了，其实都可以压这条动脉止血。四肢出血，顺着出血点很容易就能找到出血血管，按压近心端就能止血。

指压止血对大动脉出血的效果是立竿见影的，但它也有个缺点，就

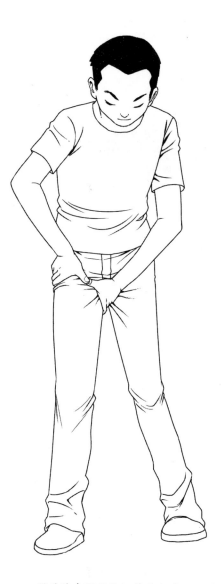

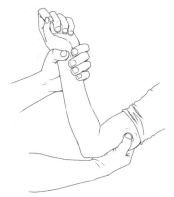

肱动脉位于上臂肱二头肌内侧缘动脉搏动处，即平常量血压的位置，可用于上臂出血。

股动脉在腹股沟韧带中点稍下方的动脉搏动处，下肢出血可直接用力按压此处。

腘动脉位于腘横纹中点动脉搏动处，即膝盖背侧，小腿出血可按压此处。

是不能持久。用力按压一段时间后，手会酸、会累，压力不够，止血效果就差了。所以，压迫止血点后，如果情况不太凶险了，应该赶紧找个有用的东西进行包扎。

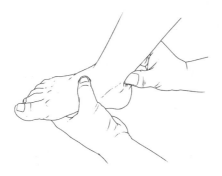

尺、桡动脉位于腕部横纹上方两侧动脉搏动处，手掌部出血可按压此处。

指动脉位于各个手指根部两侧，手指出血可按此处。

胫后动脉位于脚内踝后侧处，足部出血，可按压此处。

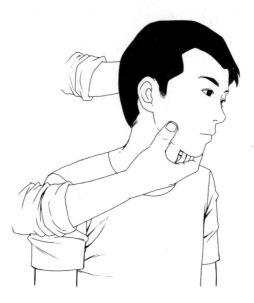

面动脉在下颌角前上方1.5厘米处。

　　按压锁骨下动脉，可以对肩部、腋窝及上肢动脉破裂出血进行止血。

 @急救医生贾大成暖心提醒

身体几个常用的止血点

止血点	适用范围	位置
颞浅动脉	前额、颞部、头顶的动脉破裂出血	双侧耳屏前上方的凹陷处，有脉搏搏动
枕动脉	枕部动脉破裂出血	胸锁乳突肌与斜方肌之间的凹陷处（乳突后下方）
面动脉	颌面部动脉破裂出血	下颌角前上方1.5厘米处
颈动脉	颈动脉破裂大出血且压迫其他部位无效时	胸锁乳突肌内侧缘动脉搏动处
锁骨下动脉	肩部、腋窝及上肢动脉破裂出血	锁骨上窝中点动脉搏动处
股动脉	下肢动脉破裂大出血	腹股沟韧带中点稍下方的动脉搏动处
肱动脉	手部、前臂及上臂动脉破裂出血	上臂肱二头肌内侧缘动脉搏动处
尺、桡动脉	手部动脉破裂	腕部横纹上方两侧动脉搏动处
腘动脉	小腿及足部动脉破裂出血	腘横纹中点动脉搏动处
指动脉	手指动脉破裂出血	手指根部两侧
胫后动脉	足部动脉破裂出血	脚内踝后侧处

止血带关键时刻能救命，用错会害人

20 世纪 70 年代的一天，北京自行车队在公路上训练。整个自行车队的队形并不是在一条线上，而是错落有致，这样的队形符合流体力学或空气动力学原理，可以减少全队行进的阻力，提高全队的速度。后来，后面的一个队员驶入了快车道，甚至驶入了逆行。

这时，对面开过来一辆汽车，一下子就把最后一个队员给撞倒了，人仰车翻，右侧股骨干完全性开放性骨折，股动脉完全断裂，鲜血喷出三四米远。须知，股动脉或颈动脉完全断裂导致的大出血，平均 2 ~ 5 分钟就可死亡，这小伙子危在顷刻！

当时，全车队的成员都停了下来。尽管在平时的运动中，队员难免受伤，但谁也没见过这么严重的状况，大伙儿都傻了，愣在那里，不知道怎么办。在这万分危急之中，受伤的运动员本人突然坐起，将自己双手的大拇指重叠，用力压住位于大腿根部的股动脉止血点，霎时间，正在喷射中的血柱就停止了。

大家惊魂未定，这小伙子又大声向队友们喊道："你们还愣着干吗？

赶快扒一条内带！"队友们立即扒出一条自行车内带：自行车内带是绝好的橡皮止血带！队友们迅速帮他在受伤部位的近心端结扎了这条橡皮止血带，出血被完全有效地控制了，大家都松了一口气，知道他虽然伤得很重，但已经没有危险了，然后赶紧拨打了急救电话。

后来，这个运动员被送到医院做了手术，3 个多月后就已经活蹦乱跳重新投入训练了。

这是一个经典绝伦、令人赞叹的自救互救成功的案例！

这事发生在 35 年前，当时我在北京市体育科学研究所工作，是我随北京足球队到昆明海埂国家体委足球训练基地训练时，领队王兴斋先生亲口讲给我听的。20 世纪 70 年代，王兴斋先生当时正担任北京自行车队领队，这是他亲身经历的事件，他对那个小伙子佩服得五体投地。

自救互救，需要的不仅是急救技能，更需要急救意识，以及智慧、勇气、机敏、自信、冷静、果断……

当时，这个运动员遇到的情况非常凶险，如果他是一个完全没有急救知识的人，周围的人也不会急救，那他铁定就没命了。在这里，我想要强调的就是正确使用止血带的重要性。

通常，最理想的止血法是橡皮止血带止血法。橡皮止血带是一条空心的橡皮管，长 80 ～ 100 厘米。医用听诊器的橡胶管最适用于上肢止血，如果用于下肢止血，橡胶管最少也要双股才成。

当然，我们不可能天天随身带着橡皮止血带。那么，如果遇到紧急情况该怎么办？没有橡皮止血带，也可以采用绞紧止血法。三角巾、床单、被罩、窗帘、桌布这些材料，都可以拿来用。但铁丝、电线、绳子等没有弹性的东西不能当止血带用。

有一次，在一个建筑工地，有个工人的手被割伤了，伤口很深，动脉断了，血出得厉害。工友们就拿建筑工地上绑钢筋的 8 号铅丝给他当了止血带，还用钳子给死死拧紧，接着给我们急救中心打了电话。等我赶到那儿时，血虽然是止住了，但是那个工人的整个手都黑紫了。我赶紧重新结扎了橡皮止血带，又把 8 号铅丝用钳子拧了下来。幸好时间不长，后来经过医院的处理，他的手恢复得还挺好。如果当时铅丝捆的时间过长，那个工人的手可能非但治不好，甚至很可能截肢。

另外，止血带的使用也要讲究科学的方法，用好了，能救命，用不好，有可能造成身体缺血、肌肉挛缩或者坏死，甚至会造成神经损伤、肾功能衰竭。使用止血带应注意以下事项：

①止血带不要直接结扎在皮肤上，应先用三角巾、毛巾或衣服等做成平整的衬垫缠绕两三周，再结扎止血带，避免造成局部损伤。

②结扎止血带的部位有要求。上肢结扎在上臂的上 1/3 段，避免结扎在中、下段，以防损伤桡神经而影响手臂的功能；下肢结扎在大腿中段。尺骨与桡骨之间、胫骨与腓骨之间均有骨间动脉，止血效果较差。

③止血带松紧要适度，以停止出血或远端动脉搏动消失为度（以最小的力量达到止血的目的为最佳）。

过紧可能造成局部神经、血管、肌肉等组织的损伤，过松往往只压迫住静脉，使静脉血液回流受阻，而动脉血流未被阻断，形成有动脉出血而无静脉回流，反而使得有效循环血量更加减少，从而导致休克或加重休克，甚至危及生命。

④结扎止血带总的时间不宜超过 2 ~ 3 小时，每隔 40 ~ 50 分钟松解一次，以暂时恢复远端肢体的供血。此时如有出血，用指压止血法。

松解 5 ~ 10 分钟后，在比原结扎部位稍低的位置，重新结扎止血带。如果松解止血带后再度出血，可用指压止血法，压迫 5 ~ 10 分钟，再重新结扎止血带。如肢体已无保存价值，在转运途中可不必再松解止血带，以免加重休克。

⑤结扎好止血带后，在明显部位加上标记，注明结扎止血带的时间。经有效的止血、包扎后，不要在现场做不必要的停留，尽快将伤员送往有条件的医院进行救治。

@急救医生贾大成暖心提醒

如何正确使用止血带？

1. 材料的选择

没有专业止血带，可以选择三角巾、床单、被罩、窗帘、桌布这些有弹性的材料来用，但铁丝、电线、绳子等没有弹性的东西不能当止血带用。

2. 结扎的要求

在皮肤上先用三角巾、毛巾或衣服等做成平整的衬垫缠绕两三周，再结扎止血带。

3. 部位的要求

上肢结扎在上臂的上 1/3 段，下肢结扎在大腿中段。

4. 松紧度的要求

以停止出血或远端动脉搏动消失为度（以最小力达到止血目

的为最佳）。

5. 结扎时间的要求

总结扎时间不超过 2 ～ 3 小时，每隔 40 ～ 50 分钟松解一次，如有出血，用指压法压迫 5 ～ 10 分钟，再重新结扎。

6. 做好标记

结扎好止血带后，在明显部位加上标记，注明结扎止血带的时间，并尽快将伤员送往医院。

小血管出血：紧紧压住出血部位

前面提到了严重的大动脉出血的止血方法，那对于比较小的动脉和静脉出血，又该如何处理？

记得有一年夏天，酷暑难当，在宣武门外校场五条，一个送桶装水的陕西小伙子跟人发生了冲突，他掏出随身携带的水果刀去捅人家，结果对方是三个人，刀被抢过去了，把他给捅了。

当时围观的人特别多，但是没一个人知道该怎么办。所以，大家都在一边儿站着，七嘴八舌地议论着，没人管小伙子，好在后来有人打了急救电话。我到了以后，肇事者早就跑了，受伤的小伙子也被老乡就近送到广内医院去了，只看到路边有一大摊血，厚厚的一层，已经凝固了。

我到了广内医院一看，小伙子右上臂缠了几层绷带，穿着一个运动短裤躺在床上，已经停止了心跳、呼吸。打开绷带一看，已经不出血了，只见右上臂内侧有一个不到一厘米的伤口，我又把他全身检查了一遍，只此一处伤口。

难道就是这小小的伤口要了他的命？还是另有其他我未发现的原

因？闹不清也不要紧，反正这个非正常死亡是归公安局管。

过了几天，宣武区分局的刑警到急救中心找到我，调查这个案件。我把我的所见所闻都告诉了警察，警察也给我看了一份北京市公安局法医鉴定中心出具的报告，报告还附了一张照片，照片上是死者的右臂，旁边还放了一个标尺。报告中的文字说明是"肱动脉完全断裂，伤口7毫米，出血性休克死亡"。我觉得太遗憾了，一个仅仅7毫米的伤口，竟然要了一个壮小伙儿的命。

其实，当时只要有人马上直接压住小伙子的伤口，或压迫伤口近端的动脉，就能止住血，也就不至于丧命。如果这小伙子自己稍有些急救常识，自己也可以压迫住伤口，也许就不会年纪轻轻的客死他乡了。

对于小动脉和小静脉这些小血管出血，一般采用直接压迫伤口止血和加压包扎止血。

外伤现场急救止血，要求迅速，有时来不及细想，最简单的方法往往最有效，直接压迫伤口止血，就是哪里流血压哪里。这在现场急救中用得最多，而且是最易掌握、最快捷的方法，多用于小动脉、小静脉、毛细血管出血，有即刻止血的效果。

按压伤口时，注意别用手直接压，因为人手上有各种细菌，很可能引起伤口感染；另外，手与伤口的贴附可能会有缝隙，不会很紧密，止血效果较差。

正确的做法是先放好无菌敷料，再用手压迫。如果现场没有无菌敷料的话，最方便的替代的材料是洁净的布。通常最容易得到的就是身上穿的衣服了。把衣服撕开后，便可使用，折叠数层代替敷料，放在出血部位，用手紧紧压在敷料上。

如果敷料被血浸透了，是不是要赶紧换一块新的敷料？绝对不行！因为这就像用海绵反复在伤口吸血一样，止血的效果没达到，反而增加了出血量。正确的做法是，在原有的敷料上面再加一块。一般在压迫几分钟后，出血就能得到控制了。

如果伤口在上肢，可以将上肢抬高，高于心脏；如果伤口在下肢，可让伤者躺下，把下肢抬高。

经过直接压迫伤口止血有效后，还应加压包扎，就是把无菌敷料垫厚一点，包扎略紧一点儿，给伤口施加一定的压力，可起到止血的作用。但不能过紧，如果包扎后出现了肢体青紫、肿胀，说明包扎过紧，可能会影响血液循环，应该松解后重新包扎。

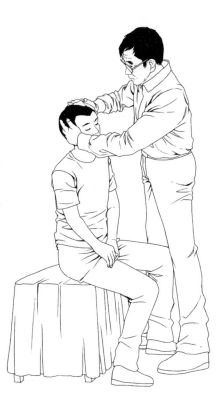

外伤现场止血，要先放好无菌敷料，再用手压迫。如果现场没有无菌敷料，可以找洁净的布代替。

这些情况要用填塞止血法

　　如果是鼻腔、颈部、腋窝、腹股沟、阴道出血以及盲管伤、穿透伤（贯通伤）、较深的伤口、组织缺损等，用无菌或洁净的布类填塞伤口，填满填紧后再加压包扎，这就叫填塞止血法。

　　有一个高中的女孩儿，跟同学一起翻越学校的栅栏，结果脚一滑，一下子骑在了竖着的栏杆上了，正好插入阴道。等我们赶到现场的时候，她的同学们已经把她抱下来了，阴道还在出血，女孩儿坐在地上撕心裂肺地哭。

　　我们赶紧把她抬上救护车，护士用纱布蘸点儿液体石蜡（起到润滑的作用），填满女孩儿的阴道止住了血，又用三角巾包扎后，送去了医院。

　　这是个极其危险的事件，幸亏那个插入阴道的铁栏杆不太长。如果再长些，就有可能刺入腹腔内，如果刺破腹主动脉，后果是不堪设想的。

　　有一天夜里，我们赶到一个小旅店，看到白色床单上有一大片鲜血，而且湿透了棉褥。一问才知道，原来当晚是两个年轻人的初夜，由于性交后出血量较大，不像是处女膜破裂出血，两个人害怕了，于是拨打了急救电话。

我还是第一次见到这种情况，想起解剖老师讲课时曾提到过，粗暴的性交动作有可能把女方的阴道后穹隆撕裂。后来，我也是用纱布填塞的方法把女生的阴道填紧、填满，再加压包扎，血很快止住了。

我们把这个病人送到北京友谊医院妇产科，是一位十分温和的女医生接诊。我小声对她说：“我稍等一会儿，麻烦您一会儿把诊断结果告诉我。”过了一会儿，女医生出来了，她告诉我：“您还真说对了，就是阴道后穹隆撕裂了。”

这样的情况虽然不多见，但后来我又见过三例。

那较常见的鼻出血又该怎么办？

有一次，我的一个南方的朋友来北京出差，晚上找我一块儿吃饭，抱怨道：“你们北京真没法待！当天晚上洗的衣服，第二天早上居然都干了，这么干燥的天气，让人怎么待啊？”

他常年待在南方，鼻子比较敏感，受不了干燥的天气，很容易鼻黏膜出血。正说着呢，鼻子又出血了，他马上仰起头。我赶紧阻止他，让他低头，朋友虽然照做了，但很不解，后来我跟他解释了一番。

我们小的时候，父母、不少老师告诉我们，流鼻血的时候要仰头。其实，流鼻血仰头是错误的。仰头可能导致血液通过鼻孔进入气道及肺内，引起窒息；血液还可能被吞咽进入食道及胃肠，刺激胃肠黏膜产生不适感或恶心、呕吐。

鼻出血时可采用压迫止血法，正确的做法是身体稍向前倾、低头、张口呼吸，一手的拇指和食指捏住双侧鼻翼，并向后上方压迫。压迫数分钟后，多可达到止血的目的。

鼻出血时，要低头不要抬头，然后张口，用拇指和
食指捏住双侧鼻翼，向鼻子后上方压迫。

如果是因为血液病、鼻咽癌、高血压或鼻外伤等原因导致的出血，那就不光是止血了，还需要进行全身治疗，这时应该及时去医院。另外，颅底骨折引起的鼻出血的处理，在后面的章节会涉及。

填塞止血法对盲管伤、贯通伤也可起到止血作用。什么叫"盲管伤、贯通伤"？

比如，同样是刀伤，一把刀刺进身体，"有进口没出口"的就是盲管伤，"有进口有出口"的就是贯通伤了。这些情况下，都可以用无菌纱布填塞伤口，填紧、填满，再加压包扎。当然，如果一时间找不到无菌纱布，用干净的衣服代替就可以。

包扎伤口要学会"就地取材"

包扎是外伤现场急救的重要措施之一，受伤部位经过有效的止血后，均应进行及时、正确的包扎。

为什么要学包扎呢？有三个重要的原因：一是加压包扎止血时需要用到；二是包扎能够保护伤口，避免继续损伤和污染；三是包扎可以固定敷料，能减轻伤者的痛苦。学会包扎后，对于生活中的一些小伤，自己就能处理了。

·绷带包扎法

下面介绍几种常见的绷带包扎方法。

环形包扎法：这种方法是最基础的包扎法，适用于腕部、踝部、额部及身体粗细相近的部位，也用于各种绷带包扎方法的起始端。

绷带稍微斜放在伤口处，缠绕一周，在做第二周缠绕后，将第一周斜出来的一角翻折，再继续缠绕第三、四周，将斜角压住，然后继续缠绕，每周压住前一周，最后用胶布固定末端。

螺旋包扎法：主要用于四肢等粗细近似均等的部位。

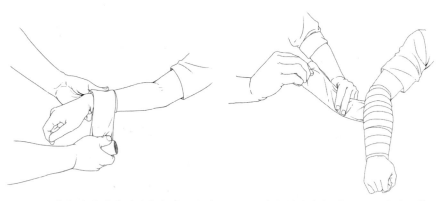

环形包扎法是最基础的包扎法，也是
各种绷带包扎方法的起始包扎步骤。

进行螺旋包扎时，后一周的绷带
要压住前一周的2/3。

先按照环形包扎法缠两三周，再斜着向上继续缠，每一圈压住前一
圈的2/3，末端用胶布固定。

螺旋反折包扎法：用于粗细不等的部位包扎，如前臂、小腿、大腿等。

先用环形包扎缠两周，再用螺旋包扎，然后用一只手的手指按住绷
带中央，另一手将绷带向下反折，再继续如此包扎。每一次反折需要排
列整齐，注意不要在伤口与骨隆突出的地方反折。

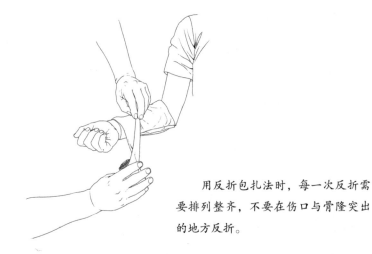

用反折包扎法时，每一次反折需
要排列整齐，不要在伤口与骨隆突出
的地方反折。

"8"字包扎法：这种方法主要用于手腕、肘、膝、足、肩、髋等部位的包扎以及锁骨骨折的固定。

以肘关节为例，先在关节中部环形包扎两周，绷带由下向上在关节弯曲的上下两侧缠绕，然后再由上向下，如此反复地呈"8"字来回缠绕，每一周压前一周的2/3，最后用环形包扎缠两周，用胶布固定。

其他部位与此相似，大家可以举一反三，不再一一举例。

回返包扎法：这种方法适用于头部以及肢体残端的包扎。

手部"8"字包扎法，也称"人"字包扎法，包扎完成后可见"人"字形排列。

对于体内异物的包扎也用"8"字加压包扎法，包扎前先在异物两侧各放一卷布料。

先做环形包扎，缠绕 2 周，再将绷带反复来回反折：第一道在中央，而后的每一道分别向左右来回反折，直到将伤口全部覆盖住为止，最后环形包扎两周。

· 三角巾包扎法

三角巾包扎法在现场急救中最常用、最快捷、最方便。

头面部风帽式包扎法： 抢救者站在伤员身后，将三角巾的顶角对正后正中线；底边向内折叠约两横指宽，置于前额齐眉处，将两底角分别经两耳上方拉向枕部，在枕骨粗隆下方交叉、压紧顶角，再绕回前额打结；

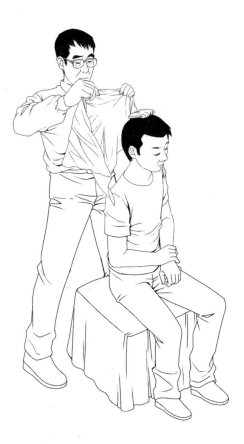

三角巾包扎法是现场急救中最常用、最快捷、最方便的包扎方法。

然后拉紧顶角，将其折叠并塞入枕部交叉处内。

面具式包扎法：抢救者站在伤员身后，将三角巾顶角处打一结，分别提住两底边，再将三角巾顶角结兜住颏部；将底边拉向枕后，提起两底角并拉紧，在枕部交叉、压紧底边，再绕到前额打结；包扎后分别将双眼及口鼻处三角巾提起，剪开小洞，暴露双眼和口鼻。

双眼包扎法：抢救者站在伤员身后，将三角巾折叠成 3 ~ 4 横指宽的条带状，其中点置于枕部下方，两端分别从两侧耳下绕至两眼部交叉，包住双眼；两端再分别经两耳上方拉向枕部打结。

双肩包扎法：抢救者站在伤员身后将三角巾折叠成燕尾状，使两燕尾角等大，燕尾夹角约 120°，夹角向上对准颈后正中，两燕尾分别遮盖在两肩上，燕尾角由前向后包住肩部，至腋下与底边相遇打结。

胸（背）部包扎法：抢救者面对伤员，将三角巾折叠成燕尾状，燕尾夹角约为 100°，将燕尾巾放在胸前，夹角对准胸骨上窝，两燕尾角分别遮盖两肩部至背部；抢救者到伤员背后，将顶角带与三角巾底边拉向背后打结；再将燕尾角带拉紧，绕横带后向上提起，与另一燕尾角打结（包扎背部时，将燕尾巾放在背部即可，其他与胸部包扎法基本相同）。

单侧胸部包扎法：抢救者面对伤员，将三角巾顶角放在伤侧肩上；底边向内折叠两横指后，围绕胸部至背部，两底角相遇打结；抢救者到伤员背后，将底角带向背后拉紧，与两底角相遇打结。

腹部包扎法：抢救者面对伤员，将三角巾底边向上，顶角向下，遮盖腹部，底边齐腰，两底角围绕到腰后打结；再将顶角带从两腿间拉向后上方，于两底角结处相连打结。

上肢包扎法：站在伤员伤肢一侧，将三角巾一侧底角打结，套在伤肢的中指；另一底角覆盖同侧肩背部；顶角向上，由外向内用顶角包绕伤指，并用顶角带系好；最后再将前臂屈曲至胸前，手在健侧锁骨处，两底角相遇打结。

小腿、足部包扎法：足趾朝向底边，将足放在近一底角侧，提起顶角与另一侧底角包绕小腿打结；再将足下底角折到足背，绕踝关节打结。

如果伤者有脑组织从伤口膨出，或肠管及大网膜脱出，不可压迫包扎，先用大块消毒湿纱布盖好，然后再用纱布卷成保护垫圈，套住膨出的脑组织、或肠管及大网膜，再用大小适当的碗、盆等器皿扣在垫圈上，最后用三角巾包扎，以免压迫脑组织。

·悬臂带的制作

大悬臂带：此法主要用于前臂或肘关节损伤等，禁用于肱骨骨折。

将三角巾一底角放于健侧肩部，底边与身体长轴平行；顶角朝向伤侧肘部，肘关节屈曲略小于90°（手部要高于肘部）放在三角巾中部；另一底角反折、包绕前臂，通过伤侧肩部；两底角在颈后打结，前臂则悬吊于胸前。

小悬臂带：此法主要用于上臂或肩关节损伤。

将三角巾折叠成适当宽度的条带状。条带的中央放在伤侧前臂的下1/3处，两底角分别经两肩在颈后打结，将前臂悬吊于胸前，手部略高于肘部。

三角悬臂带：此法可用于锁骨、肘关节、前臂及手部等部位损伤的包扎、固定、悬吊。

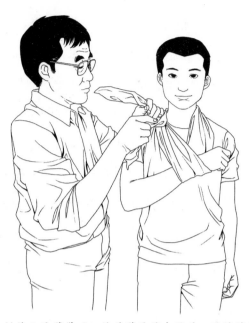

制作小悬臂带时，将前臂悬吊在胸前，肘关节屈曲，角度大小以 80 ~ 85° 为宜。

用制动带固定，防止肩关节活动。

嘱伤员伤侧五指并拢，中指放在对侧锁骨上窝。面向伤员，两手分别持三角巾的顶角与一侧底角，顶角盖住伤侧肘部；底角拉向对侧肩部，盖住手部。此时，三角巾已覆盖整个手部和前臂。然后，将前臂下方的三角巾折入前臂后面。再将顶角连同底边一起旋转数周。两侧底角在对侧肩部相遇打结。还可根据情况使用制动带。

由于实际情况可能发生在各种场合，找不到无菌纱布、三角巾怎么办？甭说是一般人了，就是专业医生，在街上碰上意外情况了，也没有无菌纱布啊。其实只要是洁净的布料，撕开就可以用，像前面说的，干净的衣物、床单、窗帘、毛巾、围巾等都可以，就地取材，根据具体情况，撕开用即可。

我们在现场急救中，最常用、最快捷、最方便的包扎用材是军用三角巾。这是以色列士兵发明的，外面是帆布，里边是两块塑料，防水、防潮、无菌。三角巾药店有卖，也可以自制，对于有车的家庭，最好能备在车载急救包中。

另外，用绷带包扎，缠的方法要根据情况来判定。比如说，遇见肢体粗细相等的地方，用环形包扎。如果伤口处有一个洞，那就需要用螺旋包扎，包不上，再螺旋反折包扎。

包扎之后，肯定要打结，一般用胶布一系扣就行。当然，对于女性的乳头、男性的外生殖器等特殊部位，都应该避开，而且要松紧适度。如果是四肢损伤，尽量把末端露出来，方便医生以后进行观察。

烧伤的处理：一冲、二盖、三走

烧伤是指各种热源（火焰、开水、热油、蒸汽、汽油、强酸、强碱、生石灰、磷、电灼等等）作用于人体后，造成的特殊性损伤。人们习惯上把高温液体造成的损伤称为烫伤，其实这也属于烧伤。

烧伤是一种常见的意外伤害，尤其是每年的七八月份，天气炎热，大家衣着轻薄，稍微一不注意，很容易发生烧伤的情况，比如被开水、热油、热粥等烫伤，所以一到夏天，医院的烧伤科就特别忙碌。遇到烧烫伤，很多人容易惊慌失措，不知如何处理；当然如果处理不当，很容易造成不良后果。

我经常见到这样的情况：家长发现孩子被开水烫伤了，孩子哭闹不止，家长没做任何处理就抱着孩子赶往医院，路上至少得耽误十几分钟，甚至因为非常疼痛，孩子忍不住把烫伤的皮肤给撕了下来。事实上，在发生烧伤后，第一时间应该尽快脱离险境并紧急处理，尽量消除致伤因素，在家自救，这往往有助于减轻损伤程度，有利于病情恢复。

烧伤造成的伤害80%以上都是余热造成的，所以急救的关键就是减少余热的损害。用凉水冲是最有效的减少余热危害的办法。尽快用15 ~ 25℃的凉水（比如自来水）冲洗、浸泡伤口20分钟左右，这样能中和余热，降低温度，最大限度地缓解疼痛，减轻损伤，避免和减轻瘢痕的形成。千万别用冰块敷，这是很多人的一个处理误区。因为冰块敷在刚烧过的皮肤表面，会导致疮面下的血管过度收缩，不利于恢复。

如果是被强酸、强碱、生石灰灼伤了，更需要用大量水彻底冲洗20 ~ 30分钟。有的人可能会有疑问："上初中时老师说了，硫酸里头不能倒水，一倒水会产生更多的热量。硫酸烧伤后能冲洗吗？"

被硫酸烧伤后，应该立即用布擦一擦、吸一吸，减少硫酸在身体上的存留，然后再用大量清水彻底冲洗，免得扩大烧伤面积。

湿热的衣物应在冷水中解脱下来，如果和皮肤粘连，千万不要生拉硬扯，可用剪刀沿伤口周围剪开，并将手表、手镯、戒指等摘掉，以免肢体发生肿胀后，难以摘掉，并造成血液循环障碍。如有水泡，别把水泡挑破，以免发生感染。烧伤局部处理后，用无菌或洁净布类覆盖创面。然后尽快去医院。

还要记住，千万别在创面上涂抹任何药物，尤其严禁涂抹牙膏、酱油、黄酱、碱面、草木灰等，这些东西不但不能治疗烧伤，还会导致感染。一旦感染，可就危险了。

经常有人问我，烧伤后要不要包扎啊？用无菌纱布包扎行不行？我的建议是：既包又不包。什么意思？如果包扎完了上医院，包扎材料很容易和创面粘在一起，一揭一层皮没了；如果不包，外边空气特别脏，又容易引起感染。烧伤严重的患者，晚期死亡的主要原因就是感染。

既然包也不成，不包也不成，那怎么办？我告诉大家：拿干净的布一盖，赶快走！到医院一揭，问题就不会太大。

总之，烧伤后的处理最重要的就是三步：冲、盖、走，没别的招儿。

另外，治疗烧伤，民间有很多偏方，爷爷奶奶辈的人也有很多土方子。这些方子到底有没有用？其实，这些方子的效果都不如用冷水直接冲洗，如果使用不当，有些还可能给身体造成更严重的伤害。

烧伤、烫伤常见偏方、土方及可能产生的后果

常见偏方	可能产生的后果
酱油涂伤口	酱油并没有治疗效果，涂在皮肤上还会使皮肤颜色变深，导致医生难以正确判断伤情
芦荟、蛋清敷伤口	这类物质对皮肤有一定好处，但没有证据表明其对烧伤有作用。而且，蛋清还可能引起感染，医生得将蛋清冲洗后再治疗，伤者会因此多受痛苦
红药水、碘酒等涂抹	红药水对烧伤无效，还会使皮肤颜色改变，影响医生判断伤情，而且大面积涂抹可能会造成汞中毒；碘酒含有酒精，会损伤皮肤，加重疼痛感
烫伤膏、烫伤油	这些药物通常都有促进结痂的作用，但可能会造成更严重的感染

还有一点要特别提醒大家，不要以为烧伤后皮肤不起泡就没事，很多时候不起泡比起泡的伤情更为严重，有可能是皮肤深层已经受到了损伤。所以，对烧伤进行初步处理后，还是应该及时去医院诊治。

 @急救医生贾大成暖心提醒

烧伤的正确处理方法

1.轻度烧伤用流动的凉水（如自来水）冲洗20～30分钟，以不再感到疼痛为止。如果是被强酸、强碱、生石灰灼伤了，立即用布擦一擦、吸一吸，再用大量水彻底冲洗20～30分钟。

2.严重烧伤遵循"一冲、二盖、三走"的原则。

一冲：尽快用15～25℃的凉水（如自来水）冲洗伤口20分钟。

二盖：用干净的布盖住伤口。

三走：尽快去医院，请专业医生处理。

注意：勿用冰块冷敷、挑破伤口、涂药；粘连的衣服要沿伤口周围剪开。

严重外伤不能随便用水冲和用药

上面讲到烧烫伤后尽快用凉水冲洗伤口，那如果遇到其他的伤口，是不是也可以像烧伤那样，先用水冲洗呢？答案是否定的，而且也不要随便用药。为什么？

有人说了，很多书上说，伤口要先用清水冲洗啊。其实，这并不是完全正确的。如果伤者受伤较轻，比如擦破点儿皮啊，刺破个口儿啊，用干净的水冲一冲，上点儿药，都没关系，连医院都没必要去，伤口很快就自行愈合了。

但如果是严重的伤口，用水一冲，可能会把脏东西冲到伤口深部，增加感染的机会。另外，大的血管破裂出血，主要靠各种压迫止血。而细小的血管，往往靠血液"自凝"，也就是说，形成微血栓，堵住出血的地方。如果血栓在完好的血管里形成，会把血管堵死，造成急性心梗、脑梗死等严重的疾病；但如果血栓在破损的血管处形成，则是一种保护机制，能起到止血的作用。用水一冲，血液都被稀释了，妨碍了血液凝固，影响止血。

虽然坚持医学原则很重要，但在实际生活中还是要灵活运用。

　　30 多年前，一个夏天凌晨的两点，在位于永定门外沙子口的北京火柴厂的一个工地上，一群工人在打混凝土的时候，其中一个工人的一条大腿被卷扬机连根切断了，工友立刻打了急救电话。

　　我们到达现场的时候，灯光很暗，看到受伤的人在地上躺着，一条大腿就在伤员旁边，人已经昏迷，面色苍白。身上全是沙子、水泥浆，伤口处的血和水泥浆都混在一起了，根本看不清楚。

　　我拿起身旁还在流着水的水管子把伤口上的水泥浆冲洗掉（这不牵扯把脏东西冲洗到深部），才看清出血的血管，立即用几把止血钳分别夹住还在缓缓出血的血管，并连同止血钳一起包扎了起来。

　　工人们告诉我，刚才出血出得特别厉害，喷得他们身上都是血。这时我才注意到，这几位工人身上还真是被血染红了，有的脸上也有血。可见，出血最凶险的阶段已经过去了，此刻血出得也差不多了。

　　我一边听工人们的叙述，一边抢救伤员。测量了伤者的血压，为 0。我又立即给伤员建立了两条静脉通道，分别快速滴入 706 代血浆和生理盐水。处理后，和工人们一起把伤员迅速送到了北京协和医院。

　　对于严重的外伤，除了不能用水冲洗伤口外，也不能随意在伤口处涂抹药物，为什么呢？

　　因为患者到了医院后，医生会按照神经和神经、动脉和动脉、静脉和静脉、肌腱和肌腱、肌肉和肌肉等分别缝在一块儿。如果事先随便给伤者的伤口涂抹红药水、紫药水等，把伤口都给弄成一个颜色了，医生就难以分辨了，增加了处理的难度。

　　无论是用水冲洗，还是涂抹药物，都可能给医生的救治增加麻烦。所以，千万别帮倒忙，避免"好心办坏事儿"。

崴脚和断肢：哪儿来的回哪儿去

平时，人们问得较多的问题之一，就是踝关节扭伤，俗称"崴脚"。甭管是日常生活，还是工作、旅游、运动，走啊、跑啊、跳啊是免不了的，如果遇上路面不平、上下台阶、上下坡的情况，很容易崴脚，尤其对穿高跟鞋或厚底鞋的女性来说，更容易发生崴脚的情况。

踝关节构造复杂，肌肉薄弱，保护差，负重大。人在那儿一站，除了两只脚，全身重量都压在踝关节上。一迈步，全身的重量就都在一个踝关节上了。

崴脚，多为足内翻，伤的是外侧副韧带。根据损伤程度的不同，可以分为完全断裂和不完全断裂，会出现局部青紫、肿胀。

我有一次去宣武区计委，一进办公楼，看见伤者在地上坐着，周围都是他的同事。伤者是走平地时受伤的，骨头都出来了。这已经不是崴脚，而是骨折了。崴脚的例子很多，这么严重的一般不多见。

那崴脚了该怎么处理？

首先，让伤者停止行走、运动等，马上取坐位或者是卧位，把上肢抬高，这样有利于静脉回流。

其次，马上冷敷，用冰袋或者凉毛巾冷敷。这样能使血管收缩，减少渗出，肿胀也可以减轻。受伤后 48 小时以内，每 2 ~ 3 小时敷一次，每次 15 ~ 20 分钟。

冷敷后也不要再动，最好保持足部外高内低的姿势。用宽胶布、三角巾或绷带固定。如果发生骨折，按照骨折固定，然后赶紧上医院。

需要注意的是，受伤后切忌按摩，24 小时内切忌热敷，热敷会使血管扩张，反而会使渗出增多，肿胀就更厉害了。热敷应该在受伤后 24 ~ 48 小时开始。

除了崴脚，还得说一下断肢。对于断肢，大家可能都觉得离自己的生活比较远，其实不然，我就遇到过一个人因为一时冲动，砍下自己手指的事儿。

两个年轻人在谈恋爱，谈着谈着，女孩不同意了，闹着要分手。男孩跑到女朋友家里，苦苦恳求了半天，女孩还是不答应，结果男孩就当着女孩的面，拿起一把菜刀，一下子就把自己小手指头给剁掉了。这可把女孩吓坏了，赶紧拨打了急救电话。我到了她家，问他们砍下的手指在哪儿。那男孩儿从嘴里吐出断离的手指。我连忙让他用布包好，放在一个塑料袋里，再把装有断指的这个塑料袋放入另一个装有冰块的塑料袋内。这叫低温保管，这样可以降低断指的代谢率、降低耗氧量，使断指能够耐受相对长时间的缺血、缺氧，为断肢再植赢得时间、创造条件。

手指头断离、手断离的事我见过很多，一般只要不超过一定的时间，通常是 6 ~ 8 小时，断肢都可以接上。

　　我就问那男孩儿为什么把断指放在嘴里，男孩儿解释说，他怕别的地方不干净，想来想去没地方放，放口袋里也不好，就放到嘴里了。其实，嘴里有很多细菌，未必比口袋里干净。另外，嘴里温度高，而且还有各种消化酶，切下来的手指就是一块肉啊，慢慢地会被消化的。

　　还有一回，我们急救中心来了一个患者，是被一个穿白大褂的年轻医生扶过来的，也是手指头掉了。年轻医生从口袋掏出一个瓶子，里面泡着一根手指头，说："您直接上台接上就行了，我都已经消过毒了！"

　　我们外科的孙长怡大夫问他："您这是拿什么消毒的？"

　　"酒精。"

　　孙大夫当场就发火了："你到底是不是医生？"

　　年轻的医生被骂得愣住了，说："是啊！我是我们厂子医务室的。"

　　"你是医生还不懂啊？酒精是干什么用的？"

　　"消毒啊。"

　　"它通过什么机制消毒？"

　　"凝固细菌蛋白。"

　　"你就不想一想，不仅是细菌蛋白啊，正常组织蛋白质也会被凝固！"

　　他一下子反应过来了，但那个手指却因为处理不当，失去了断肢再植的机会。

　　那断肢到底应该怎么处理呢？

　　先止血，再把伤口包扎上，然后再处理断离的肢体。断肢千万不能冲洗，再脏也不能冲洗，要保持干燥，拿干净布或毛巾包起来，包完了，放一个塑料袋里系好。再找一个塑料袋，里面放上冰块。没有冰块的用冰棍甚至冰箱里的冻鱼冻肉也行，再把装了断肢的塑料袋放进去。

　　为什么要放冰？因为要保持低温，低温下断肢的代谢率低，耗氧低，相对来说，能够耐受更长时间的缺血缺氧，能为断肢再植争取更多的时间。

　　为什么要用两层塑料袋？外层塑料袋是为了提供一个冷冻环境，内层塑料袋是为了防止断肢接触到水，一旦断肢细胞被水泡得肿胀破裂，就无法再植了。为什么要用布包上再放冰里，不直接搁在冰里？因为温度太低了也不行，温度太低，血管会过度收缩，复温的时候会非常困难。

骨折固定：关键是要"制动"

遇到摔伤等外伤时，判断伤者有没有骨折很重要，一旦确定有骨折，应该马上进行固定。对于一般人来说，有时候脱位与骨折不好区分，可以按骨折进行固定。对常见的四肢骨折、肋骨骨折等，根据观察和简单的触摸，一般人很容易区分出来，但对有些部位的骨折，甚至连我这种专业的急救医生有时也会疏忽。

骨折有很多类型，最常见的就是开放性骨折和闭合性骨折。通俗点说，开放性骨折就是骨头发生断裂且穿破了皮肤，从外面就能看到骨头。闭合性骨折就是骨头断了，但是皮肤并没有创口。

通常，开放性的骨折要先止血，再固定。注意，是"固定"不是"复位"，更不是"矫正畸形"。固定是为了"制动"，就是限制肢体活动。比如大腿骨折了，如果不做任何处理就送到医院，那么由于骨头断端很锋利，在运送过程中可能会损伤到周围的神经，使伤情更加严重。

不同部位的骨折，采用的固定方法也有一定的区别。下面介绍几种不同部位骨折的固定法，当然很多可以相互参考使用。

·上臂骨折固定

夹板固定法：将两块夹板分别放在上臂内、外两侧（如果只有一块夹板，则放在上臂外侧），用绷带或三角巾固定夹板的上、下两端；然后用小悬臂带将前臂悬吊于胸前，使肘关节屈曲；再用一折叠好的条带横放于前臂上方，连同小悬臂带及上臂与躯干固定在一起，起到限制肩关节活动的作用。

躯干固定法：无夹板时，可将三角巾折叠成 10 ～ 15 厘米宽的条带，其中央正对骨折部位，将上臂直接固定在躯干上；再用小悬臂带将前臂悬吊于胸前，使肘关节屈曲。

·前臂骨折固定

夹板固定法：将两块长度从肘至手心的夹板分别放在前臂的手掌侧

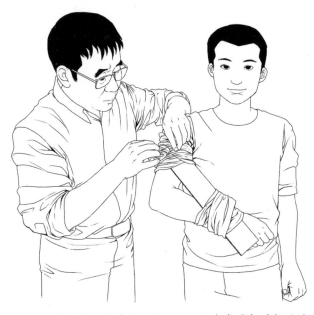

肘关节或膝关节骨骼固定时，取伤者感觉相对舒适的
关节角度，两端用条带固定。

将伤侧手插在第三、四组扣间的衣襟内，衣襟向上提起、反折。

将伤侧衣襟下面的纽扣与健侧衣襟上的扣眼相扣。

与手背侧（如只有一块夹板，在前臂手背侧），在伤者手心垫好棉花等软物，让伤者握好夹板，腕关节稍向掌心方向屈曲，然后分别固定夹板两端；再用大悬臂带将前臂悬吊于胸前，使肘关节屈曲。

衣襟、躯干固定法：无夹板时，可利用伤者身穿的上衣固定。将伤侧肘关节屈曲贴于胸前，把手插入第三、四纽扣间的衣襟内，再将伤侧衣襟向外反折、上提翻起，把伤侧衣襟下面与健侧衣襟上面的纽扣与扣眼相扣（亦可用带子将伤侧的衣襟下角与健侧的衣领系在一起），最后用腰带或三角巾条带经伤侧肘关节上方环绕一周打结固定，使上臂与前臂活动均受到限制。

·大腿骨折固定

夹板固定法：伤者仰卧，伤肢伸直。用两块夹板分别放在大腿内、外两侧。外侧夹板长度从腋窝至足跟，内侧夹板长度从大腿根部至足跟（如果只有一块夹板则放于大腿外侧，将健肢当作内侧夹板），关节

大腿骨折，打结顺序：①踝关节与足部、②膝关节下、③靠近骨折部位近上端、④靠近骨折部位近下端。

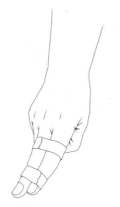

手指骨折，如果没有夹板，
可以将伤指固定在健指上。

可以用铅笔、圆珠笔、小木
棍等代替夹板使用。

处与空隙部位加衬垫；然后用布带固定骨折部位的上、下两端，再分
别固定胸部、腰部、膝部、踝部，踝部与足部应采用"8"字形固定，
以免伤侧足部外旋。

健肢固定法：无夹板时，可用布带将伤肢与健肢固定在一起，两膝
与两踝之间应加衬垫，先固定骨折部位上、下两端，再固定膝关节以上
与踝关节处，踝与足部应采用"8"字形固定（参看"夹板固定法"）。

· 小腿骨折固定

夹板固定法：用两块长度从大腿下段至足跟的夹板分别放在小腿的
内、外两侧（只有一块夹板时则放于小腿外侧，将健肢当作内侧夹板），
关节处加衬垫后，先固定骨折部位上、下两端，再固定大腿中部、膝部、
踝部，踝部与足部采用"8"字形固定（参看"大腿骨折固定"）。

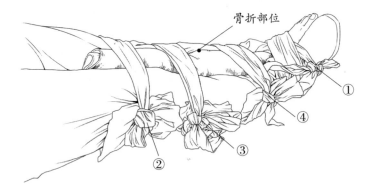

骨折部位

① ④ ③ ②

小腿骨折，打结顺序：①踝关节与足部、②大腿中部、③骨折部位近上端、④骨折部位近下端。

健肢固定法： 无夹板时，用布带将伤肢与健肢固定在一起，两膝与两踝之间应加衬垫，先固定骨折部位上、下两端，再固定膝关节以上与踝关节处，踝部与足部应采用"8"字形固定（参看"夹板固定法"）。

·下颌骨骨折

可以先将条带折叠成一个手掌宽，取 1/3 与 2/3 的交界处置于伤者的颏部，以兜住两侧下颌，并盖住双耳，长侧通过头顶正中，在另一侧耳上旋转、交叉，再从两眉上通过，条带两端在对侧相遇、打结。

·锁骨骨折

取两条条带，分别固定在两侧肩部，再把两条条带的末端连接在一起打结，伤者两肩稍向后，胸部前挺；或先在伤者两侧腋下放好衬垫，用折好的条带以横"8"字绕肩，使两肩向后、胸部前挺，在背后交叉、打结、固定。

·肋骨骨折

肋骨骨折通常发生在第 4 ～ 7 根肋骨，可以取 3 条条带，将条带折叠成 4 ～ 5 指宽，分别围绕胸部扎紧，呼气后，在对侧中线打结，三条条带松紧度要一致。

·骨盆骨折

先固定臀部，再在两侧膝关节之间用衬垫垫好，用条带将两侧膝关节固定在一起。

如果身边没有夹板，怎么固定？其实很多材料都可以用，比如毯子、枕头等，每家都有。把毯子叠厚一点，往骨折的地方一放，再绑上绷带

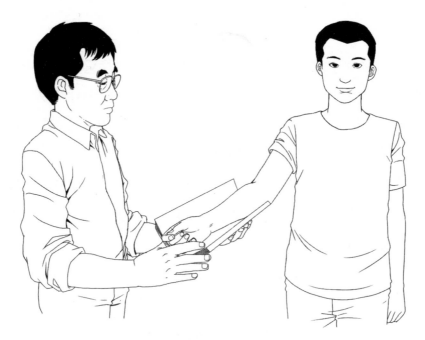

可用身边的杂志或报纸来做骨折固定，比专业的材料还好用，又好找又省钱。

固定住就好了。如果用枕头的话，要看看枕头里面的填充物是什么。北方的枕头大多是荞麦皮做的，容易跑位，不能用这种枕头固定；如果是棉花填充物的枕头，可以拿来用，能整个包住受伤的部位即可。

此外，还可以在骨折的地方放一块硬板，如果现场没有木板、纸盒子等材料，报纸、杂志等也可以用。我曾经给一个骨折的老太太做过现场急救，就是用报纸固定的。

这么多年来，在急救现场，我经常用杂志和报纸来做骨折的固定，这些材料甚至比我们的专业材料还好用，又好找又省钱。纸是软的，还不用担心像硬木板一样会把患者的皮肤磨破了。

骨折的现场处理其实并不太难，最重要的是真正限制住受伤部位的活动，防止因受伤部位的活动而加重损伤。

我在这里要重点提一下颅底骨折，你知道颅底在哪儿吗？

我们头部的骨头叫作颅骨，里面装的是大脑组织。盖在大脑上面的颅骨叫颅顶骨，而托住大脑的颅骨就叫作颅底骨。颅底骨的位置较深，一般不会发生骨折，但如果一个人遭遇了车祸，或者从高处坠落，颅底骨受到巨大力量的冲击，就有可能发生骨折。

颅底骨的位置在头部的中间，发生骨折后，不像四肢骨折那样能够直接观察，但是，有一些可靠的间接征象能够提示我们颅底发生了骨折。

颅底不同部位的骨折，会出现不同的表现。比如，眼睑血肿，又叫"熊猫眼征"；再如，乳突（两耳后下方的隆起）血肿。另外，还会出现鼻出血（应排除鼻黏膜干燥、鼻子受伤、鼻咽癌、血液病、高血压等导致的鼻出血）、外耳道出血，也被称为"鼻漏""耳漏"。出现这些情况，都应该考虑是否发生了颅底骨折。如果遇到颅底骨折，出现了"鼻漏""耳漏"情况，该怎么办？

第一，不要止血。不但要严禁压迫或填塞止血、冲洗，而且应该让血流出来，将伤侧朝下、充分引流，哪个耳朵出血就让哪个耳朵朝下，鼻出血就低头。

为什么不能压迫止血呢？因为出血的部位在颅底，不是鼻子，压着鼻子，也止不住颅底的出血，反而让血不能顺着鼻腔流出来了，血流不出来，颅内压会增高，颅内压增高了，就会压迫脑组织，那可就危险了。

另外，如果捏住鼻子，不让它出血，血就会流到鼻腔里，鼻腔里非常脏，被污染的血液如果再逆行回到颅内，大脑很可能被感染，这可是会要人命的。

第二，保持口腔清洁，不要让伤者擤鼻涕。

这么做主要是为了防止颅内压增高及颅内感染的发生。同时，还应该及时拨打急救电话120，送伤者到医院进一步诊断、处理。

@急救医生贾大成暖心提醒

骨折固定的注意事项

1. 先救命，后治伤。如伤者心跳、呼吸停止，立即进行心肺复苏，如果有大血管破裂出血，进行有效止血。

2. 开放性骨折先止血，后包扎，再固定，闭合性骨折直接固定。如果是下肢骨折，就地固定。

3. 用夹板固定时，夹板必须扶托住整个伤肢，夹板不要直接接触皮肤，要先用柔软的材料垫好。

4.严禁将断端送回伤口内，不要进行复位。

5.四肢骨折固定，要先固定近端、后固定远端，不可颠倒顺序。同时，尽量露出四肢的末端。

6.肱骨、尺骨、桡骨等骨折固定时，肘关节要屈曲，角度稍微小于90°，再用悬臂带悬吊于胸前；股骨、胫骨、腓骨等骨折固定时，膝关节要伸直。

搬运伤者：小心点儿，再小心点儿

对于危重伤的伤者，经现场急救达到转运条件后，需要安全迅速地送往医院，进行后续救治。如何正确搬运也是重要的一环，如果搬运方法不当，同样会前功尽弃，造成伤者终生残疾，甚至危及生命。因此，掌握正确的搬运技术也是考验救助者能力的一个关卡。

很多时候，对于一些伤情比较轻的伤者，我们往往需要背着他们去医院。背伤者不仅是个体力活，更是个技术活，因为很多时候，伤者比救助者的体重要重很多。

下面我向大家介绍几种常用的搬运方法。

·扶行法

这种方法适用于伤势不重、下肢没有骨折、可自己行走的伤者。

如果附近只有一个施救者，施救者可以站到伤者的一侧，将其靠近自己一侧的上肢绕过自己的颈部，然后用手握住；另一只手绕到伤者的背后，用力扶住其腋下或腰部，然后两人同时行走。如果是两个施救的人，则分别在伤员两侧，将伤者的两个上肢分别绕过每个施救者的颈部，然后交叉着扶住伤者的腋下或腰部行走。

·抱持法

施救者将一只手臂放在伤者的背后，用手扶住腋下，另一只手臂放在其大腿下，然后用力将伤者抱起。需要注意的是，这种方法禁用于脊柱损伤、下肢骨折的伤者。

·背负法

施救者下蹲，让伤者趴在自己背上，握住伤者双手的手腕或用双手固定住伤者的大腿，缓缓起立。或者用一只手固定伤者的一只手，另一只手臂插入伤者两腿间，让其伏在自己肩膀上，缓缓起立，并用手固定住伤者一侧的下肢。需要注意的是，这种方法不适用于有脊柱、四肢骨折的伤者。

·拖行法

这种方法适用于体重较重的人。

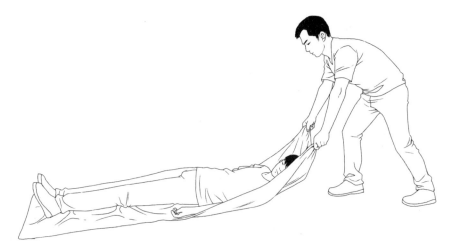

对于体重较大的人，可以用被褥、毯子等进行拖行。

将双手分别放在伤者双侧的腋下或两个脚踝部位，将伤者拖走。也可以将仰卧的伤者的上衣解开，然后将其拉到头上，拉着衣服的衣领，将伤者拖走，或者用被褥、毯子也行。

·爬行法

这种方法适用于急性一氧化碳（煤气）中毒等患者。

让患者取仰卧位，用毛巾、领带等将其双手手腕处固定，然后骑跨在患者身体两侧，把固定好的两手套在自己脖子上，双手撑地爬行，安全脱离现场。

·椅托式搬运法

此种方法适用于意识清楚但体弱的伤者。

两名施救人员面对面在伤者两侧，两人同时用一只手伸到伤者背后，抓紧其腰带，另一只手伸到其大腿下，握住对方手腕，然后同时缓慢起立，

椅托式搬运法，连个施救者一侧手伸到伤者大腿下握住对方手腕，另一侧手伸到伤者背后，抓紧伤者腰带。

先迈外侧的腿，两个施救者保持步调一致，将伤者搬走。

·轿杠式搬运法

此种方法适用于意识清楚但体弱的伤者。

两名施救者面对面，各自用自己右手握住自己左手腕，然后两个人互相握住对方右手腕，让伤者坐在组成的"手垫"上，两只手臂分别搂住两个施救者的脖子，然后两个施救者同时缓慢起立，先迈外侧腿，保持步调一致，将伤者搬走。

·双人拉车式搬运法

这种方法适用于意识不清的伤者，脊柱和四肢骨折的伤者不能用此方法。

两名施救者，一个人在伤者背后，将两手臂从伤者腋下穿过，环抱

轿杠式搬运法，两个施救者要同时起立，先迈外侧腿，保持步调一致。

住其胸部，并让其双臂交叉在两腿间，另一个人面向前，背对伤者，将身体放在其两腿间，然后抬起伤者两腿，两人一前一后将伤者抬走。

另外需要注意一点，不要轻易搬动脊柱受伤的人。

有一年七八月份的时候，我接了个急救电话，赶紧出发去现场。到达现场后发现，地上躺着一个小伙子。旁边的人说，小伙子是安装空调的，由于违规操作，人从楼上摔了下来。小伙子意识是清醒的，一个劲儿喊腰疼。我用手往他身子底下一摸，脊柱出现了后突和侧突，一按，他就说疼，还动不了：脊柱受伤了。

严重的脊柱损伤，也会伤及脊髓，造成伤者肢体的感觉障碍和运动障碍，还可导致伤者大小便功能障碍和性功能障碍。所以，现场急救处理非常重要。专业的急救方式是用手锁固定，戴上颈托，然后用上脊柱板或铲式担架、头部固定器、解救套、负压担架等专业器材。可现场没有那么专业的东西怎么办？那就什么都别动。

我一直反对没有接受过正规急救培训的人搬动脊柱脊髓损伤的伤员。不搬动，不会加重损伤；搬动，就有可能加重损伤，甚至危及伤者生命。

脊柱脊髓损伤和心脏骤停、大动脉断裂出血不同，如果心脏骤停、大动脉断裂出血不立即做心肺复苏，不立即止血，人很快就会死，而脊柱脊髓损伤后不会很快死亡，可以等待急救中心的专业现场急救和搬运。

如遇到高空坠落、交通事故等情况，怀疑伤者有脊柱脊髓损伤，看住他，伤者自己别动，也别让其他人动，赶快打急救电话，等急救医生来进行救治。

现场急救后，在送伤者去医院的途中也不能大意，有以下几点要注意：

①严密监控伤者的意识、呼吸、脉搏、血压，以及受伤部位的色泽、温度、出血等情况。

②让休克的伤者取平卧位，保证其大脑的供血。

③昏迷的伤者应防止呕吐、分泌物等导致的窒息，如果伤者戴有假牙，还应让其把假牙取出来。

④胸部损伤的伤者取半卧位。

⑤对腹部损伤的伤者，如果伤口是纵向的，让其取平卧位，双下肢伸直；如果伤口是横向的，伤者要将双下肢屈曲，从而避免伤口张开。

⑥对结扎止血带的伤者，应注意止血带的松紧要适度，避免止血带脱落，每40～50分钟松解一次。

⑦禁止给需要手术的伤者进食、喝水，以免手术麻醉时，因呕吐引起窒息，或导致吸入性肺炎。

⑧根据季节，对伤者采取必要的保暖或防暑措施。

 @急救医生贾大成暖心提醒

伤者搬运方法适用情况

1.扶行法：适用于伤势不重、下肢没有骨折、可自己行走的伤员。

2.抱持法：禁用于脊柱损伤、下肢骨折的伤者。

3.背负法：不适用于有脊柱、四肢骨折的伤者。

4.拖行法：适用于体重较大的人。

5.爬行法：适用于急性一氧化碳（煤气）中毒的人。

6.椅托式搬运法或轿杠式搬运法：此两种方法适用于意识清楚但体弱的伤者。

7.双人拉车式搬运法：这种方法适用于意识不清的伤者，有脊柱和四肢骨折的伤者不能用。

此外，不要轻易搬动脊柱受伤的人。

遇到重大灾难性事故如何自救和互救？

现代社会,交通事故、工地矿山事故、恐怖事件、自然灾害等频繁发生,危险往往就在我们每一个人的身边。

2011 年 7 月 23 日，国家卫生部发布的《中国伤害预防报告》显示，全国每年发生的各类伤害约涉及 2 亿人次,由此死亡人数 70 万 ~ 75 万人,占全国总人数的 9%，是排在我国四种严重疾病之后的第五个死亡原因。其中，交通事故、自杀、溺水、中毒、跌落等导致死亡的案例，占全部伤害死亡的 70% 左右。每年因伤害需就医者约 6200 万人次，所需的直接医疗费达 650 亿元，因误工等导致的经济损失达 60 多亿元。

受伤后数分钟内死亡的人数约占总死亡人数的 50%，这些人都是几分钟甚至几秒钟之内就停止了呼吸、心跳，死亡的速度不亚于急性心梗，更胜于脑卒中；还有约 30% 的人是受伤后 2 ~ 3 小时内死亡的；而由于感染、器官衰竭等导致受伤几周后死亡的约占 20%。

小外伤导致迅速死亡的原因主要有三个：窒息、大出血导致的休克及重要脏器的严重毁损。

发生重大灾难性事故，往往会造成群死群伤。这时，该怎么办呢？

可以遵循以下 6 个步骤来进行。

第一，也是最重要的，先观察一下周围的环境，一定要在确保自身安全的前提下再去救人，不要没救成人，自己反而需要别人来救了，这不就帮倒忙了吗？

第二，做好自我防护，避免让自己也处于危险之中。这一点非常重要。比如进入火场或毒气泄漏的场合前，要戴防毒面具；不要随便接触伤者的血液，如果不得不接触，先确认自己的手上没有伤口，接触的时候要尽量戴上橡胶手套；等等。

第三，向伤者表明自己的身份。进入事故现场，看到伤者以后，要向他说明自己的身份，告诉伤者自己是来帮忙救人的，安抚一下对方的情绪，这样能得到他的信任，接下来的急救也会比较顺利。

第四，大致评估一下伤者的伤情，再根据伤者的具体情况，选择一个安全迅速的方式，脱离事故现场。

第五，到达安全地点后，迅速给伤者止血，保护伤口或固定骨折部位，防止和降低休克等并发症和后遗症的发生。

这一步对于急救成功与否至关重要，对维持和稳定伤者的生命体征、降低伤者的死亡率很有帮助，也可以为专业急救人员及医院的继续救治赢得时间。

第六，及时拨打急救电话120。等救护车赶到以后，协助急救人员将伤者安全送往医院。另外，拨打急救电话可以和前几步同时进行，如果周围有人，最好让周围的人帮忙拨打电话，没其他人的话，再次提醒一下，用好手机的免提功能。

在此，我要特别讲一下地震和火灾的现场自救。

如果我们遇到地震、火灾等较大的灾害，应该立即采取正确的避险逃生与自救互救方法，而不是惊慌失措。

地震过后，有些人可能被埋在废墟之中，四周黑压压一片，心里充满恐惧，如何与死神打持久战呢？在救援人员还没有到达之前，又该怎么自救呢？这时候急救知识就帮上大忙了。

首先，尽量保持头脑清醒，尽快设法将自己的手脚解脱出来，想办法保持呼吸道的通畅，如解开领带、衣领部位的扣子，并用衣服等捂住口鼻，防止吸入烟尘等。因为一旦发生窒息，在短短几分钟内，人就可能死去。

其次，清理压在自己身上的东西，如果一时还不能脱险，应设法固定住可能倒塌、坠落的重物，以免再次被压，造成二次伤害；同时，注意减少活动，降低身体消耗，等待救援人员的到来。这就要求幸存者不要一直大声呼救，因为一味地哭喊只会白白消耗自己的体力，让自己的精神过早地崩溃，不如保持镇静，判断一下自己被埋的程度，寻找求救、传递信息的办法，如可以用砖石等适度敲击水管、暖气管、墙壁等，但不要用太大力，以免引起塌方。

如果身体有出血，可以采取压迫止血、加压包扎的方法。

另外，需要提醒一点，我们大家都知道，人在完全饥饿的状况下，一般可以生存 7 天左右，但如果不喝水，3 天就有危险，所以要注意收集废墟中的水，以备不时之需。

如果被楼板等重物压住了大腿等部位，挣脱不了，压得时间长了，是不是就简单地把重物挪开就可以了？不是的。

　　我曾见过这么一个报道，有一次地震，有个人被压了很长一段时间，等被救出来以后，一开始还能像正常人一样走路，但没走几步，"咣当"一下倒地上了，经过抢救也没救回来，人很快就死了。为什么会出现这样的情况？

　　这是因为肢体长时间受压，被扒出来以后，压迫虽被解除了，但损伤的肌肉细胞释放出大量的肌红蛋白、钾离子、组织毒素等，这些物质会迅速进入血液循环，引起心脏抑制、急性肾功能衰竭，继而死亡。这就是很多被救人员在被挤压中还能说话，却在救出几分钟后死亡的原因。在历次地震中，都曾有这样的例子，就是伤员被解救出以后，当时还能对话，甚至自己可以行走，不到一会儿突然死亡。那么，该如何防止这种悲剧的发生呢？

　　长时间被压迫的肢体应该先用夹板固定，不要活动，也不要抬高伤肢，不要结扎止血带，不要加压包扎，不要按摩，不要热敷，以免坏死肌肉释放出的肌红蛋白、钾离子、组织毒素迅速进入血液循环（受伤部位如有出血应作局部止血），然后等待专业急救人员进行处理。这样，可减少和避免悲剧的发生。

　　除了地震，另一种重大的灾难性事件就是火灾。

　　遇到火灾，千万不要奔跑呼喊，以免呼吸道烧伤，呼吸道烧伤后，会很快肿胀，可能会导致窒息。这时候可以拿湿毛巾捂住口鼻，赶紧逃离现场，这样还可以防止毒气烟雾进入呼吸道。

　　怎么拿湿毛巾捂着，这个也有讲究。千万不要用毛巾直接捂着，而应先拿毛巾把手缠上，再捂住口鼻。不然，火一烧手，人本能地就会躲开，照样会烧伤呼吸道，或者吸入毒气。也可以手缠上毛巾后，沾水弄湿，再捂口鼻，手烧不着，更加安全。

另外，如果被火烧伤，要赶快脱掉着火的衣裳，就地压灭火焰，根据具体情况，可以选择用水浇，用沙子覆盖，或者用灭火器喷等方式灭火。在脱离现场后，尽快到医院就医。

后记

一本小书，费尽周折，终于要面世了。

其实，在这几十年的急救生涯中，我抢救过无数的病人，经历了很多鲜活生动的事例，借此机会把其中的一些事儿写出来，既可以作为读者茶余饭后的消遣，又能发人深省。希望读者能从中得到一些经验和教训，也能学到一些有益的急救常识。

至今，我从事医疗急救工作整整 49 年，从事急救普及教育工作 31 年。人们称我为"中国急救普及教育第一人"，这让我有些不安，因为我深知个人力量的微薄；同时，我又很欣喜，因为看到了一大批志趣相投的医生朋友们也在大力普及医学知识。我真诚地希望有更多的医生朋友能向人们普及医学知识，提高人们的健康水平。

我有幸能在医疗战线，尤其在北京急救中心从事我一生热爱的急救事业。这不但丰富了我的人生阅历，让我领略了大千世界，也让我感受到了人间的美好与丑恶。为了病人、为了生命，我有过常人无法体验到的成功、喜悦，也有过无力回天时的沮丧、失落，还有过不被理解的忧闷、伤怀。

我曾接受过报纸、杂志、电视台、电台、网站等媒体的无数次采访。曾有记者问我："贾大夫，您有没有后悔过？"我当时脱口而出："有怨无悔！"记者当即拍腿："好一个有怨无悔！"还有一位记者写过一篇关于我的报道，题目是《侠医》，仅这题目就让我感动了很久。

若有来世，我还会选择这个高尚的职业，还愿意成为北京急救中心这个英雄群体中的一员。

现代人大都花时间学习电脑、驾车等"实用技术"，但为了我们自己，为了我们的亲人、朋友、同事，为了生命，我希望有更多的人学会一些基本的急救知识和急救技能，以备不时之需。只有全民普及急救，每个人才有救人和获救的机会。

人生最宝贵的是生命，而生命只有一次。

我实在舍不得离开我热爱的、并为之付出了一生的医疗急救事业，虽然我已经退休，不能像以前那样亲手抢救病人了，但我依然可以为了中国人的健康和生命，继续尽我所能，把急救意识、急救理念、急救知识和急救技能传达给更多的人。

希望读到这本书的朋友们，不仅能了解急救医生的一些工作和生活情况，更能从中得到一些自己需要了解的急救知识和急救技能，这就是我写这本书的初衷。本书可以作为急救教材来使用。

为了本书的出版，很多人付出了汗水。我真诚地感谢出版社和几位用心良苦的编辑，感谢百忙之中为本书撰写序言的原国家卫生部副部长殷大奎，《人民日报》高级记者、健康版主编白剑峰，还有我的老朋友、北京国安足球俱乐部副董事长张路，同时也感谢竭诚推荐本书的人民日报社《健康时报》总编孟宪励,著名体育节目主持人黄健翔以及今日头条、新浪、网易、搜狐健康频道的几位总编!

由于时间紧迫,专业知识和写作水平有限,书中难免有不尽如人意之处,还望读者朋友们见谅!更希望读者朋友们提出宝贵意见,以期更加完善。

贾大成

2016 年 8 月 15 日